Mirko Zwack / Julika Zwack

Systemische Teamberatung und Teamsupervision

Theorien, Haltungen und Interventionen für die Praxis

Unter Mitarbeit von Frauke Ehlers

VANDENHOECK & RUPRECHT

Mit 13 Abbildungen und einer Tabelle

Bibliografische Information der Deutschen Nationalbibliothek:
Die Deutsche Nationalbibliothek verzeichnet diese Publikation in der
Deutschen Nationalbibliografie; detaillierte bibliografische Daten sind
im Internet über https://dnb.de abrufbar.

© 2023 Vandenhoeck & Ruprecht, Robert-Bosch-Breite 10, D-37079 Göttingen,
ein Imprint der Brill-Gruppe
(Koninklijke Brill NV, Leiden, Niederlande; Brill USA Inc., Boston MA, USA; Brill Asia Pte Ltd,
Singapore; Brill Deutschland GmbH, Paderborn, Deutschland; Brill Österreich GmbH, Wien,
Österreich)
Koninklijke Brill NV umfasst die Imprints Brill, Brill Nijhoff, Brill Schöningh, Brill Fink,
Brill mentis, Brill Wageningen Academic, Vandenhoeck & Ruprecht, Böhlau und V&R unipress.

Alle Rechte vorbehalten. Das Werk und seine Teile sind urheberrechtlich
geschützt. Jede Verwertung in anderen als den gesetzlich zugelassenen Fällen
bedarf der vorherigen schriftlichen Einwilligung des Verlages.

Umschlagabbildung: Stuhlhockerbank von Fehling & Peiz & Kraud
Foto: Horst Bernhard

Satz: SchwabScantechnik, Göttingen
Druck und Bindung: BALTO print, Vilnius
Printed in the EU

Vandenhoeck & Ruprecht Verlage | www.vandenhoeck-ruprecht-verlage.com
E-Mail: info@v-r.de

ISBN 978-3-525-40011-1

Inhalt

Wozu noch ein Buch über Teamberatung? 9

I Praktische Organisationstheorie als Orientierungsanker
   in der Teamberatung und -supervision 11
   1 Woraus besteht eine Organisation? 12
     Personen 14
     Kommunikationswege 18
     Programme 19
     Kultur 21
   2 Phasen der Team- und Organisationsentwicklung 25
   3 Führung und Macht 28
     Die Aufgabe von Führung 28
     Führung in die Beratung einbeziehen? 29
     Wer hat hier welche Macht? 31
   4 Das Team als Verhandlungsarena von Paradoxien 36

II Beratung in Teams 43
   1 Unterschiede und Gemeinsamkeiten von
     Beratung, Supervision und Coaching 43
   2 Beratung als System 45

III Ein kleiner Methodenkoffer für die Arbeit mit Teams 47
    1 Murmelgruppen 47
    2 Zahnrad oder Speed-Dating 48
    3 Soziometrien und Positionsskulpturen 49
    4 Fishbowl 51
    5 Kleingruppenarbeit 52
    6 Votings und Befragungen 53
    7 Themen-Café (in Anlehnung an das World-Café) 54
    8 Sketche 56
    9 Simulationen 57

IV Wege zum Ziel – von der Auftragsklärung zum Moderationsdesign   59
1 Auftragsklärung als Beziehungsangebot oder:
 Betroffene in Verantwortung bringen 59
 »Ergebnisverantwortliche steigen aus – oder gar nicht erst
 in die Beratung ein« 63
 »Alles schweigt, einsam wacht ...« – Was tun, wenn es keine
 Anliegen gibt? 64
 »Könnten wir besprechen, müssen wir aber nicht« –
 Was tun bei fehlender Energie? 66
2 Prototypische Designelemente 67
 Joining 67
 Auftragsabgleich und -aktualisierung 68
 Heuristiken für den Weg vom Problem zur Lösung 69
 Nächste Schritte 78
 Resonanzerfahrungen und Reflexionen zweiter Ordnung 79

**V Wie werden und bleiben wir ein Team? –
vier Kerndimensionen der Zusammenarbeit** 81
1 Ziele – Wofür gibt es uns? 82
2 Rollenklärung – Spielräume, Verantwortung und Aufgaben-
 verteilung ausloten 83
3 Prozesse – Worauf wir uns verlassen können 86
4 Werte in der Zusammenarbeit – Wer wollen wir miteinander sein?   89

**VI Die Kommunikationsmuster im Fokus –
(Wie) Reden wir miteinander?** 95
1 Alle reden, nur nicht vom Gleichen 96
2 Alle sprechen, aber keiner bezieht sich 97
3 Alle sprechen, aber immer vom Selben 100
4 Alle sprechen, aber keiner sagt was 101
5 Alle wollen reden, weil eine heute fehlt 103

**VII Restriktionen versus Probleme –
vom Umgang mit dem nicht Änderbaren** 105
1 Rollenverführungen im Umgang mit Restriktionen 106
2 Die Weisheit, zu unterscheiden ... – methodische Zugänge
 zur Trennung von lösbaren und unlösbaren Aufgaben 109
3 »Die Glühbirne muss nicht wollen« – von Empörung und
 Resignation zur verantworteten Entscheidung 110

VIII Wenn es hoch hergeht oder nichts mehr geht – Konflikte in Teams 113

1 Mit wem sprechen wir? Das Setting wirksam ausrichten 113
2 Worüber sprechen wir (nicht)? Sach-, Zeit- und Beziehungsfragen in Konflikten 115
3 Was muss (nicht) gelöst werden? Die Trennung von Konfliktkommunikation und den Gedanken und Gefühlen ihrer Beteiligten 118
4 Was kennzeichnet Konfliktkommunikation? Das Eigenleben der Negation der Negation 119
5 Paradoxien als Nährboden für Konflikte 122
6 Das Unentscheidbare entscheiden – Führung einführen 123
7 Muster unterbrechen statt Muster erleiden 125

IX Das schwächste Glied bestimmt die Stärke der Kette – Leistungsunterschiede in Teams 127

1 Der Durchschnitt hält sich für besser als den Durchschnitt 127
2 Entstehung und Dynamik des Phänomens »Niedrigleistende« 128
    Der Start: beste Absicht bei verschiedenen Währungen oder konstante Leistung in neuer Umwelt 128
    Die Enttäuschung und das Warten auf Besserung 129
    Auswirkungen auf das Team – Ohnmacht auf allen Seiten 131
3 Was hilft und wann hilft Helfen? 131
    Entdramatisierung des letzten Platzes und Umfokussierung von Output auf Input 131
    Frühzeitige und kontinuierliche Konfrontation mit der Ist-Soll-Diskrepanz 133

X »Powered by emotion« – zum Umgang mit Gefühlen in der Begleitung von Teams 135

1 Erlebte versus kommunizierte Gefühle 135
2 Unterschiedsbildende Interventionen im Umgang mit kommunizierten Emotionen 137
    Das Bauchgefühl zählt – Gefühle aufwerten 137
    »Ich fühle, also gilt es?« Übermächtige Emotionen ent-machen ... 137
    Von der diffusen Unzufriedenheit zum verantworteten Standpunkt 142

XI Erschöpfte Teams ... 147
1 Sichtbar machen: Was macht der Druck aus uns? ... 147
2 Solidarisierungsbewegungen unterstützen – antizyklisch investieren ... 150
3 Organisationale Zivilcourage befördern ... 151

XII Die Person des Beraters – Teamberatung als persönliche Entwicklungsarena ... 155

Literatur ... 160

Wozu noch ein Buch über Teamberatung?

Die Begleitung von Teams ist herausfordernd und bereichernd zugleich. Die Herausforderung liegt darin, unterschiedlichste Perspektiven, Professionen und Hierarchieebenen so miteinander ins Gespräch zu bringen, dass eine Zusammenarbeit im Dienste der jeweiligen Aufgabe möglich und wahrscheinlicher wird. All dies geschieht nicht im luftleeren Raum, sondern in einem Kontext, der vielerorts durch knappe Ressourcen, widersprüchliche Zielsetzungen und hohen Zeitdruck charakterisiert ist. Aus genau diesen Gründen ist die Beratung von Teams jedoch auch lohnend. Gelingendes Miteinander unter anspruchsvollen Rahmenbedingungen zu befördern, wirksame Auseinandersetzungen mit den Stressoren des Alltags anzuregen, die für eine nachhaltige Aufgabenbewältigung notwendige Veränderung der Prozesse zu begleiten, all das erleben wir immer wieder als in hohem Maße sinnstiftend.

Anliegen dieses Buches ist es, die Vielschichtigkeit systemischer Teamberatung sichtbar zu machen und Anregungen zur Verfügung zu stellen, die die Chancen auf wirksame Intervention erhöhen. Hierfür greifen wir auf systemische Theorien zurück, die uns in unserer eigenen Praxis wiederkehrend als Orientierung und Inspiration für Interventionen dienen. In unserer subjektiven Auslegung dieser Landkarten nehmen wir Sie mit auf die Reise: Was sehen wir, wenn wir auf Teams in Organisationen schauen? Welche Unterscheidungen sind relevant und warum? Dafür bietet die systemische Organisationstheorie ein hilfreiches Fundament. Gleichzeitig führen wir konstant die Frage mit: Was passiert, wenn die Dinge anders laufen als geplant? Ausgehend von zahlreichen Fallbeispielen erarbeiten wir Interventionsprinzipien und Haltungen, die als prototypische Bewegungen über den Einzelfall hinaus Relevanz entfalten. Im Verlauf der Lektüre entwickelt sich so hoffentlich ein Beobachtungsraster, das Ihnen hilft, stets die Metaperspektive mitzuführen. Was geschieht gerade? Welche Funktion erfüllt das, was geschieht? Wie können Sie auch unbequeme Dinge in anschlussfähige Sprache fassen? Und wie Verantwortung stimmig adressieren? Teams zu begleiten, heißt, dem Miteinander *und* der Aufgabe zu dienen – über alle professionellen, stilistischen und hierarchischen Unterschiede hinweg. Dies läuft selten reibungslos und meist anders als geplant. Insofern ist dies eher ein Buch über gute Zutaten einer Teamberatung als ein Buch über Rezepte. »Salz und Pfeffer« der Teamberatung sind für uns innere Unabhängigkeit und unerschrockene Begegnungsfreude. Wenn es uns gelingt, diese in Ihnen zu ermutigen, hat sich das Schreiben für uns gelohnt.

I Praktische Organisationstheorie als Orientierungsanker in der Teamberatung und -supervision

Spätestens seit 1970 wissen wir: Kein System kann allein überleben (Bateson, 2021). Auch wenn es frustrierend sein mag, so angewiesen zu sein – Überleben ist immer Überleben *in* einer spezifischen Umwelt. Das, was wir als System betrachten, ist eingebettet in einen bezeichnenden Kontext. Dieser Kontext erlaubt dem System zu existieren und beeinflusst gleichzeitig die Prozesse der Bedeutungsgebung innerhalb des Systems wesentlich, ohne sie gänzlich bestimmen zu können. Ein wesentlicher Kontext einer Organisation ist ihre Branche. So macht es einen Unterschied für das Miteinander in der Organisation, ob sich ihre Branche in Wachstum oder in Rezession befindet. Ebenso können wir davon ausgehen, dass sich die Innovationsfreude in einer Geldnotendruckerei von der eines Tech-Start-ups unterscheidet, auch wenn beide Unternehmen in ihren Produktionsprozessen technikgetrieben sind. Sicherheit hat je nach Branche einen anderen Stellenwert – und das wird in der Zusammenarbeit spürbar werden. Diesen Kontext und seine Bedeutung immer wieder in den Blick zu nehmen, ist für Beratungsprozesse von Vorteil. Es bewahrt uns vor zu schnellen Eigenschaftszuschreibungen (»Das Mindset ist hier einfach noch nicht da«) und eröffnet Raum für Hypothesen jenseits personeller Zuschreibungen (»Ich frage mich gerade: Welchen Anteil hat die Entwicklung Ihrer Branche an der Dynamik, die Sie hier erleben?«). Dies kann Türen für realistische Ziele und ein duldsameres Miteinander öffnen.

Der Kontext des Teams ist seine jeweilige Organisation. Wer Teams verstehen will, ist daher gut beraten, zumindest eine Ahnung von der Organisation zu entwickeln, die das Team beheimatet. Dabei hilfreich ist eine praktische Auslegung systemischer Organisationstheorie (Luhmann, 2011; Simon, 2021).

1 Woraus besteht eine Organisation?

Beginnen wir mit der einfachen Frage: Woraus besteht eine Organisation? Aus ihren Gebäuden? Wie steht es dann mit virtuellen Teams, die noch nie miteinander vor Ort präsent waren? Aus ihren Mitarbeitenden? Wie kann es dann sein, dass Organisationen deutlich älter werden können, als es der bisherige Lebenserwartungshorizont unserer Körper erhoffen lässt? Aus Produkten? Auch diese verändern sich in aller Regel im Lebenszyklus der Organisation mehrfach, so dass sie als konstitutives Merkmal nicht zu taugen scheinen.

Mit Luhmann (2011) verstehen wir Organisationen als Sozialsysteme, das heißt als Kommunikationssysteme. Sie bestehen aus Kommunikation und diese führt ein Eigenleben. Organisationen zeigen sich gegenüber den Gedanken und Körperprozessen ihrer Mitglieder in aller Regel weitgehend indifferent. Alle mögen zwar sehen, dass Manfred guckt, als sei er nicht zufrieden – in der Kommunikation wird dies geflissentlich übergangen, das Fass bleibt zu. Auch dass Manuela wiederholt nach Alkohol riecht, wird noch einmal ignoriert. Warum es zur Sprache bringen, wo doch die Zahlen und Ergebnisse stimmen? Alle können sich zwar denken, dass hier etwas nicht stimmt, kommt dies aber nicht in die Kommunikation, hat die Organisation darauf keinen Zugriff. Diese Betrachtungsweise betont eine Trennung von psychischen, körperlichen und kommunikativen Prozessen (s. Abbildung 1). Psyche, Körper und Sozialsystem irritieren sich immer wieder wechselseitig, sie können jedoch nicht instruktiv steuernd aufeinander Einfluss nehmen. Eine Vorgesetzte[1] kann es wahrscheinlicher werden lassen, dass ihr Mitarbeiter schweigt, seine Arbeit macht etc. Wie dieser das Verhalten der Vorgesetzten bewertet, bleibt jedoch in seiner Autonomie. So können alle denken »Mit uns geht's bergab« und dies am Abendbrottisch schon oft beklagt haben. Für die Organisation wird dies nicht handlungsrelevant, solange die Information nicht ihren Weg in die Kommunikation innerhalb des Systems findet.

Die Art der Kommunikation in Organisationen lässt sich noch weiter differenzieren. So mögen sich Paul und Henry auch auf der Abteilungstoilette einig sein, dass es »mit uns bergab geht« und Steffi und Nadine kommen in der Cafeteria zum gleichen Schluss – und dennoch verändert sich nichts. Der Grund: Alle vier haben keinen Zugang zu den Orten der *Entscheidungs*findung, an denen auf Ab- und Aufschwung Einfluss genommen werden kann. Wie dieser Zugang zustande kommen kann, darauf gäbe es verschiedene Antworten – von der expliziten Einladung zur Rückmeldung über eine Beförderung bis hin zur

---

1 Die männliche und weibliche Schreibweise wird alternierend verwendet.

Abbildung 1: Organisation als Sozialsystem mit Psyche und Körper als Umwelten

Affäre sind hier einzeln oder in Kombination unterschiedlichste Wege denkbar. Fakt ist, solange die Organisation über die Information ihrer Mitglieder nicht *entscheiden* kann, ändert sich nichts. Organisationen bestehen damit – um zur Ausgangsfrage zurückzukehren – aus Entscheidungen oder genauer: aus *kommunizierten Entscheidungen*. Soll Teamberatung und -supervision relevant werden, muss sie deshalb darauf achten, nicht nur über Anlässe, Ziele und Wege zu *reden*, sondern im zweiten Schritt dazu beizutragen, dass darüber *entschieden* werden kann, was aus der Beratung folgen soll. Folgende Fragen stellen sich daher in fast allen Beratungs- und Supervisionsprozessen:
- *Im Falle einer Entscheidung:* Was genau soll diesem Austausch an Entscheidung folgen? Wer muss davon hören, wer muss ins Boot geholt werden, damit diese Entscheidung Gültigkeit besitzt? Wer übernimmt die Funktion des Übermittlers? Manchmal bietet sich auch ein paradoxes Vorgehen an: »Alle scheinen sich einig zu sein, dass das, was wir hier heute erarbeitet haben, sinnvoll ist und angegangen werden sollte. Mal angenommen, Sie wollten sicherstellen, dass es trotzdem in Ihrem Alltag nicht handlungsrelevant wird – was müssten Sie jetzt, morgen, nächste Woche dafür tun?«
- *Im Falle einer Nicht-Entscheidung:* Auch Nicht-Entscheidungen sind Entscheidungen, wenn diese verantwortet werden. Dafür können wir sie als Entscheidung reformulieren: »Wenn ich Sie richtig verstehe, bedeutet das, dass Sie sich momentan dazu entscheiden, noch nicht zu entscheiden, sondern den Dingen noch etwas Zeit geben. Wann wäre es gegebenenfalls angebracht,

diese Entscheidung erneut zu überdenken? Wann wäre es dafür gegebenenfalls auch zu spät? Was folgt dann? Wer behält das im Auge?«

Diese beispielhaften Fragen dienen der Zuspitzung auf das zu Entscheidende. Sie mögen unscheinbar daherkommen, sind jedoch ein wesentlicher Beitrag zu einer Wirksamkeitserfahrung im Beratungsprozess. Die Verantwortung für die Entscheidung liegt bei den Mitgliedern des Klientensystems beziehungsweise häufig auch bei der zuständigen Hierarchie. Die Verantwortung für die Prozessgestaltung, die nötige Kommunikationsräume eröffnet, trägt die Beraterin. Wird dies übersehen, können selbst noch so inspirierende und lebendige Beratungsgespräche verpuffen und in Enttäuschung münden. Ein Teamberatungsgefäß ohne Entscheidungsfähigkeit oder Anbindung an die Entscheidungsträger der Organisation verliert rasch sein größtes Potenzial: die Hoffnung auf Veränderung.

Entscheidungen sind immer von Unsicherheit begleitet – man denke an von Foersters berühmten Hinweis, dass nur die unentscheidbaren Fragen entscheidbar sind, denn alles andere entscheide die Logik (von Foerster, 1993). Auch deshalb ist Unsicherheitsabsorption ein wesentliches Geschäft jeder Organisation. Die Frage lautet: Wie hangele ich mich als Organisation von Entscheidung zu Entscheidung, ohne alles immer wieder neu entscheiden zu müssen? Denn wenn immer wieder alles neu entschieden werden müsste, wären alle Beteiligten überfordert. Gefragt ist also eine Komplexitätsreduktion, die in bestimmten Situationen gewisse Entscheidungen näher legt als andere, ohne die Entscheidung selbst schon vorwegzunehmen. Es könnte ja sein, dass die Situation diesmal eine andere Antwort erfordert. Genau dies leisten in Organisationen *Entscheidungsprämissen* (Luhmann, 2011). Mit Luhmann unterscheiden wir vier wesentliche Prämissen: *Personen, Kommunikationswege, Programme* und *Kultur*. Diese Entscheidungsprämissen machen die Spielregeln einer Organisation aus und dienen uns als orientierendes Raster zur Erkundung der Frage »Und wie tickt Ihre Organisation?«.

Personen

Der Begriff der Person (lat. »personae« = dt. »die Maske«) hebt die Trennung von psychischem und sozialem System nicht auf. Er verweist auf Zuschreibungen, die dem Individuum vom Sozialsystem gewissermaßen aufgezwängt werden. Personen »sind Konstruktionen der Kommunikation zum Zwecke der Kommunikation« (Luhmann, 2011, S. 90f.). »Personen« sind kommunikative Gebilde, sogenannte »Erwartungskollagen« (Luhmann, 1984, S. 178). Transportiert werden diese insbesondere in Geschichten, die zusammen einen Erwartungskorridor aufspannen: Womit ist bei diesem Teammitglied (nicht) zu rechnen? Das Konzept der Person ist dabei weitreichender als das der Rolle. Der Rollenbegriff umfasst die funktionalen Erwartungen an ein Teammitglied, sowohl fachlich als auch auf der Beziehungsebene. Im Vergleich dazu greift der Begriff der Person zusätzlich all das auf, was jenseits der offiziellen Rollenbeschreibungen den Entscheidungs- und Kommunikationsraum rund um das Organisationsmitglied beeinflusst: »Mit bestimmten Themen kommt man bei ihr besser nicht montags und schon gar nicht, wenn eine wichtige Präsentation ins Haus steht«, »Wenn man das anspricht, geht er sofort an die Decke ...«, »Wenn du sie überzeugen willst, musst du über die Kosten argumentieren ...«. Diese und andere sogenannte *Erwartungserwartungen* beeinflussen die Selektion und den Zeitpunkt dessen, was in die Kommunikation und damit zur Entscheidung gelangt.

Als kommunikative Gebilde sind Personen in Organisationen nicht an physische Anwesenheit gebunden. »Der Chef würde sagen ...« oder »XY ist auch der Meinung ...« kann genügen, um das, was zur Entscheidung ansteht, ausreichend abzusichern. Wenn wir Personen als kommunikative Gebilde verstehen, wird nachvollziehbar, warum Gründerinnen und das Unternehmen prägende Personen über ihre Unternehmenszugehörigkeit hinaus einflussreich bleiben. Als Entscheidungsprämisse innerhalb der Organisation kann die Gründerin fortleben, auch wenn ihr Körper schon länger das Zeitliche gesegnet hat. Und so fragt man sich in bestimmten Situationen vor allem rhetorisch: »Was hätte sie wohl getan?« und stellt sich so in eine Tradition, die der eigenen Position Legitimation sichert (Zwack, 2012).

Praktisch relevant werden diese Zusammenhänge in Teamberatung und Supervision, wenn die »inneren Filme« der Beteiligten sich so verselbständigen, dass sie keiner Überprüfung mehr unterzogen werden. So zum Beispiel, wenn die Gruppe offensichtlich naheliegende Vorgehensweisen diskutiert, diese jedoch ob des abwesenden Mitglieds/Vorgesetzten gleich wieder verwirft (»Damit brauchen wir der gar nicht erst kommen« oder »X wird nicht mitmachen«). So sehr die soziale Konstruktion der Person die Komplexität des Entscheidens reduziert, so sehr kann sie den Kommunikationsraum ungut begrenzen. Begreifen wir obige Aussagen mehr als Erwartungskollagen denn als Tatsachenbeschreibungen über den jeweiligen Menschen, können wir sie hinterfragen:
- »Verstehe ich richtig, Sie haben bereits die Erfahrung gemacht, mit vergleichbaren Vorschlägen bei Frau Müller nicht zu landen?«
- »Inwiefern war die Situation damals vergleichbar mit der von heute? Was waren damals die guten Gründe, den Vorschlag abzulehnen? Inwiefern passt das auch auf heute? Inwiefern nicht?«

- »Bezog sich die Ablehnung von damals auf die Form oder den Inhalt? Wie müsste man an die Person herantreten, damit sie Ihnen hierfür Gehör schenkt? Auf wen würde sie aus Ihren Reihen wohl am ehesten hören?«
- »Gilt Ihre Ablehnungsvermutung der gesamten Idee oder könnten Sie sich auch vorstellen, dass Ihre Vorgesetzte für Teile davon zu erwärmen wäre? Welche wären das?«
- »Wenn ich Sie richtig verstehe, halten Sie Frau Müller für vorschlagsresistent. Sie sagen ja, es kann noch so sinnvoll sein, bei ihr gibt es keine Chance durchzudringen. Ist das richtig?«
- »Warum entscheiden Sie sich, Ihre Vorgesetzte so zu sehen? Was sind die Vorteile? Was ist der Preis?«
- »Was müsste passieren, damit Sie Ihr Bild von Frau Müller noch einmal revidieren würden? Wann würden Sie ihr und damit ja auch der guten Idee nochmal eine Chance geben?«

Gelingt es, Erwartungskollagen zu verflüssigen, entstehen neue Handlungsspielräume. Sollte eine Verflüssigung nicht möglich sein, kann dies als »Entscheidung für den Moment« reformuliert werden, die zu gegebener Zeit wieder revidiert werden kann.

In der Erkundung der Person im Sinne Luhmanns interessieren wir uns für die Schlüsselakteure eines Teams und einer Organisation (»Auf wen hört man (nicht), wenn es etwas zu entscheiden gibt?«, »Womit kann man bei ihr anschlussfähig werden?«, »Was müssten Sie tun, um ihn auf die Palme zu treiben?«). Entscheidungsrelevante Personen sind dabei nicht immer deckungsgleich mit den Führungskräften (vgl. Abschnitt 3 in diesem Kapitel). Interessant sind auch die Spielregeln, die hinter den prägenden Personen der Organisation stehen:

- »Wie wählt Ihre Organisation ihr Personal aus?«
- »Wie macht man hier Karriere?«
- Und: »Was muss man tun, um gekündigt zu werden?«
- Und weiter zugespitzt und manchmal als Berater nur theoretisch erfragbar: »Wer hätte eigentlich schon lange gehen müssen und muss es dennoch nicht? Warum?«

Personen als soziale Konstruktionen entwickeln eine Art Aura, die wesentlich über Geschichten transportiert wird. Geronnene Zuschreibungen, die übereinander erzählt werden, können argumentativ nur begrenzt widerlegt werden (»Aber ich bin doch ganz anders!«), denn jeder Versuch einer Widerlegung kann einem Motivverdacht unterstellt werden (»Er gibt sich jetzt so freundlich, weil er merkt, dass er uns braucht. Aber eigentlich ...«). Geschichten rund um Personen beinhalten sowohl charakteristische Eigenschaften als auch Motive (Luhmann, 2011). Damit etwas unserem Charakter zugeschrieben wird, muss es entweder unwillkürlich hervortreten (»Aber sie hat doch auch geweint«) oder aber wiederkehrend vorkommen. Wollen wir also auf die Erwartungskollage Einfluss nehmen, die die Organisation von uns zu ihrem Zweck ersonnen hat, müssen wir auf den Bühnen des Sozialsystems wiederholt die Erwartungen brechen, von denen wir uns distanzieren wollen: Womit rechnen die Menschen um mich herum bei mir? Was würden sie mir vermutlich nicht zutrauen? Wer sich hierüber Gedanken macht, kann Erwartungen im besten Sinne ent-täuschen. Neue Geschichten entstehen allerdings erst dann, wenn diese Erwartungsbrüche entweder spontan und authentisch (also »echt«) wirken und/oder sich wiederholen. Die Entwicklung einer Persona, einer mehr oder weniger geteilten Erwartungskollage des Sozialsystems ist so unausweichlich wie einflussreich. Was immer eine Führungskraft tut, ihre einzige Möglichkeit, Einfluss zu nehmen, liegt in dem Tatbestand, dass sie beobachtet wird (Willke, 2005). Zumindest mittel- und langfristig gilt das wohl für uns alle.

Die Kraft der Erwartungskollagen liegt meist im Impliziten. Interessant ist der sich immer wieder großer Beliebtheit erfreuende Versuch, mithilfe von persönlichkeitspsychologischer Testdiagnostik aus individuellen Neigungen dingfeste, *explizite* Typen zu machen. So unterscheidet beispielsweise Belbin (Belbin u. Brown, 2023) neun Rollen, wovon jeweils drei eher kommunikationsorientiert (»Teamworker«, »Co-Ordinator«, »Resource Investigator«), drei eher wissensorientiert (»Planter«, »Monitor Evaluator«, »Specialist«) und drei eher handlungsorientiert sind (»Shaper«, »Implementer«, »Finisher«). Belbins Prototypen spiegeln sowohl individuelle Neigungen als auch interpersonelle Wechselwirkungen. Nicht immer sind die informellen Rollen frei gewählt. Wenn sich niemand dafür zuständig fühlt, die innovativen Ideen in Fleißarbeit über die Ziellinie zu heben, bleibt dies wohl an der Person hängen, die ein Scheitern am meisten fürchtet. Ob diese sich selbst als leidenschaftlicher *Finisher* definiert, steht auf einem anderen Blatt. Aus systemischer Perspektive dienen »diagnostizierte« Rollentypologien ebenso wie informelle Erwartungskollagen als anregende Heuristik für einen Abgleich von Selbst- und Fremdwahrnehmung. Im Vordergrund steht nicht das Ergebnis der Diagnostik, sondern der soziale Konstruktionsprozess samt zugehöriger Wechselwirkungen. Statt »Wie bin ich?« fragen wir: »Wie werde ich in diesem Sozialsystem eingeladen, die Person zu sein, als die ich mich gegenwärtig zeige? Welche anderen Seiten in mir würde ich gern vermehrt einbringen und was brauche ich dafür?« Dort, wo sich Selbst- und oder Fremdzuschreibungen als stimmig erweisen (»Ich bin einfach Spezialistin – die Umsetzung müssen andere machen«), bleibt die Herausforderung, mit stilistischen Unterschieden produktiv umzugehen: »Wie können wir uns in unserer Unterschiedlichkeit gewinnbringend ergänzen, statt uns zu polarisieren? Welche Rollenqualitäten sind im Dienste der Aufgabe wichtig, aber faktisch unterrepräsentiert?«

Kommunikationswege

Die Entscheidungsprämisse *Kommunikationswege* sensibilisiert uns für die Orte, an denen in Organisationen entscheidungsrelevante Kommunikation stattfindet, und für die Wege, die eine Information zurücklegen muss, um dorthin zu gelangen: »Wo muss das gehört werden, um entscheidungsrelevant zu werden?« und »Wie können Sie diese Information dorthin bringen?« Erste Hinweise auf Kommunikationswege entnehmen wir dem Organigramm, das die Hierarchie und damit die offiziellen Dienstwege vermerkt. Viele Organisationen verfügen zudem über eine definierte Regelkommunikation, die festlegt, welche Gremien, Meetings und Arbeitskreise tagen, wie oft diese stattfinden, wer daran beteiligt ist und wie die weiteren Modalitäten aussehen (z. B. Agenda, Protokolle, Moderation). Neben den offiziellen Festlegungen existieren inoffizielle Netzwerke, die als »Hauspost« dienen. Folgende Fragen können anregend wirken:
- »Wie sieht das offizielle Organigramm Ihrer Firma aus?«
- »Wie das inoffizielle?«
- »Wo findet in Ihrer Organisation entscheidungsrelevante Kommunikation statt? Wo wird was entschieden (im Büro des Chefs, auf dem Raucherbalkon, im Ausnahmemeeting, im Jour fixe, ...)?«
- »Wen muss man für die Entscheidung im Boot haben?«
- »Wie oder über wen können Sie am besten sicherstellen, dass Ihr Anliegen besprochen wird beziehungsweise überhaupt auf die Agenda kommt (z. B. Chefsekretariat)?«

Regelkommunikationen (Übergaben, Jour fixe, Workshops, Besprechungen, Standups etc.) sind in ihrer Funktion als Entscheidungsprämisse nicht zu unterschätzen. Sie bestimmen über die Taktung von Entscheidungen und damit über den Herzschlag des Teams. Nicht zufällig werden Besprechungen deshalb immer wieder selbst zum Gegenstand von Teamberatungen und Supervisionen. Wie alle Kommunikationssysteme tendieren auch sie zur Autopoiesis, das heißt, sie laufen Gefahr, zum Selbstzweck zu werden (»Es ist zwar alles gesagt, aber die neunzig Minuten sind noch nicht um«) und ihre eigentliche Funktion aus den Augen zu verlieren. Es lohnt sich daher, in regelmäßigen Abständen zu fragen: »Passen Frequenz, Form, Beteiligte, Themenauswahl und Ergebnisdokumentation zur anstehenden Aufgabe?« Gleichzeitig gilt: Besprechungen dienen immer auch der informellen Interaktion, dem Miteinander. Man sieht sich, spürt, im gleichen Boot zu sitzen, bestätigt oder erweitert Erwartungskollagen. Der Versuch, jegliche Kommunikationsgefäße auf maximale Effizienz zu trimmen, geht meist mit dem Verlust dieses »sozialen Puffers« einher, dessen balancierendes und kohäsives Wirken erst sichtbar wird, wenn es ausbleibt. Teamberatung und -supervision sind dann gar nicht so selten die »Wiedereinführung der Kaffeepause« in ein System, in dem jegliche Puffer eliminiert wurden. Besprechungen dienen also sowohl der *Aufgabe* als auch dem *Wir*. »Bringen uns unsere Besprechungen inhaltlich voran?«, lautet die eine zentrale Frage. »Bin ich gern Teil dessen, erlebe ich sie als anregend, stärkend und zusammenführend?« die andere.

Programme

Programme beschreiben die Art und Weise, nach der in Organisationen entschieden wird, was zu tun ist. Luhmann (2011) unterscheidet in Anlehnung an March und Simon (1994) zwischen *Konditional- und Zweckprogrammen*. Sie kommen häufig in Mischformen vor. Um der Klarheit willen lohnt sich ein idealtypischer Blick auf die beiden Programme in Reinform.

Das klassische Beispiel für *Konditionalprogramme* ist die Fließbandfertigung in der Automobilindustrie. Wenn die erste Tür kommt, ist zu lackieren. Kommt die nächste Tür, ist wieder zu lackieren. Immer wenn eine Tür kommt, ist zu lackieren. Konditionalprogramme schreiben den Mitgliedern der Organisation vor, »beim Eintritt eines vorher definierten Stimulus bestimmte Verhaltensweisen« zu zeigen (Kühl, 2001, S. 211). Sie werden deshalb auch als »Wenn-dann-Programme« bezeichnet. Genau genommen müsste man sie als »Nur-wenn-dann-Programme« bezeichnen, denn »was nicht erlaubt ist, [...] ist verboten« (Luhmann, 2011, S. 263). Wehe, einer greift, wenn die Tür kommt, anstatt zum Pinsel zur Feile oder gar zum Kaffee. Die Verantwortung für das, was zu tun ist, liegt bei der Führungskraft oder jenen, die den Prozess definiert haben. Sollte das Pinseln keinen Sinn machen, hat die Mitarbeiterin das nicht zu verantworten. Das kann als Entmündigung oder aber auch befreiende Entlastung erlebt werden.

Zweckprogramme sind hierzu der Gegenspieler. Während bei Konditionalprogrammen gilt: »Was nicht erlaubt wird, ist verboten«, gilt für Zweckprogramme: »Was nicht verboten ist, ist erlaubt« (Luhmann, 2011, S. 266). »Zweckprogramme sind [...] an den erstrebten Wirkungen orientiert« (Kühl,

2001, S. 211). Ist das Ziel definiert (z. B. 10 % mehr Umsatz, 15 % weniger Patientenbeschwerden etc.), wird von den Mitgliedern erwartet, dass sie die geeigneten Mittel zu deren Erreichung eigenständig finden. »Im Vergleich zu Konditionalprogrammen sind Zweckprogramme zukunftsoffener, weil sie nicht im Voraus festlegen, mit welchen Mitteln auf welche Impulse reagiert werden muss« (S. 211). Die humanistische Kritik am Konditionalprogramm gab und gibt zum Teil noch heute Zweckprogrammen Rückenwind. Insbesondere mit der »Einführung der Gruppenarbeit findet bei der Koordination der Arbeit im wertschöpfenden Kern eine punktuelle Umstellung von Konditionalprogrammen auf Zweckprogramme statt« (S. 211). Zunehmend wichtig wird damit, »was hinten herauskommt«. Der Weg dorthin wird »unsichtbar«.

Die Person des Mitarbeitenden gerät im Zweckprogramm zwangsläufig stärker in den Fokus (S. 216). Sie ist das Mittel zum definierten Zweck. Auch Erfolg und Misserfolg werden zunehmend persönlich. Während sich im Konditionalprogramm die Funktion der Person auf die Aufgabe begrenzt, erstreckt sie sich im Zweckprogramm über die ganze Person. Erfüllt man die Anforderungen des Konditionalprogramms und scheitert dennoch, ist der Prozess falsch. Scheitert man mit denselben Tätigkeiten im Zweckprogramm, war man der Falsche. Auch wenn der Erfolg von personenorientierten Dienstleistungen, wie zum Beispiel in der sozialen Arbeit oder der Psychotherapie, von multiplen Faktoren abhängig ist, kann sich angesichts der dort dominierenden Zweckprogramme (»Sorge für eine Verselbständigung«, »Reduziere depressive Symptome«) langfristig keiner hinter Regeln verstecken (»Das ist hier nicht vorgesehen«) oder sich einfach distanzieren (»Da hatte ich keinen Dienst«). Man ist auf sich zurückgeworfen.

Bringt man die Unterscheidung von Zweck- und Konditionalprogramm in Zusammenhang mit der Unsicherheit, die im jeweiligen Prozess verantwortet werden muss, wird der Gewinn des Konditionalprogramms deutlich: Keiner möchte sich ein zweckprogrammiertes Atomkraftwerk vorstellen und es wundert nicht, wenn auch im Operationssaal – einem traditionell eher zweckprogrammierten Ort – die gute alte Checkliste bemerkenswerte Wirkung entfalten kann (Gawande, 2009). Mögen die Handlungsanweisungen zur Handhabung von Suizidäußerungen der Patientinnen in ihrer präventiven Wirkung begrenzt sein, so ermöglichen sie für die Therapeutin zumindest das versichernde Gefühl, im Fall der Fälle alles getan zu haben, was von ihr und jeder anderen Person gefordert war.

Fallbeispiel
In einer Flüchtlingsunterkunft kommt es zu einem Zwischenfall: Ein Bewohner läuft für alle gut erkennbar mit einer Schusswaffe über das Gelände der Einrichtung. Die

Einrichtungen des Trägers sind vor 18 Monaten gegründet worden, auf ein solches Ereignis ist die Organisation bislang nicht vorbereitet. In der Supervision bringt die verantwortliche Standortleitung den Vorfall ein. Sie habe den Schock noch immer in den Knochen – es sei zwar nichts passiert, aber was wäre, wenn? Sie wisse nicht wirklich wohin mit sich und dem Thema, ein Anliegen könne sie nicht formulieren. Die Unterscheidung Zweck- und Konditionalprogramm dient dem Supervisor als nützlich zum besseren Verständnis der Situation.

Die Gründung der Standorte erfolgte im Zweckprogramm: »Sorgt dafür, dass der Standort läuft«, lautet der vertrauensvolle Auftrag an die Standortleitung und die zuständige Sozialberatung. Die damit einhergehende Offenheit wird gerne angenommen, schließlich geht mit ihr auch Gestaltungsfreiheit einher und das Gefühl, dass die Fortschritte der Klienten auch durch die eigenen Beiträge gestützt sind. Der oben geschilderte Vorfall führt jedoch gleichzeitig vor Augen, dass es Situationen gibt, in denen diese Verantwortung von einer Person allein nicht mehr getragen werden kann. Es ist schlicht zu viel, egal für wen. Diese Rahmung ist für die Standortleitung entlastend und wird vom Rest des Teams getragen (»Oder gibt es jemanden, der hier sagen würde: ›Es ist eine gute Idee, wenn wir uns an dieser Stelle von der Kreativität der Mitarbeiterin, die gerade im Dienst ist, abhängig machen würden?‹«). Nachdem so die gefühlte Überforderung Legitimation erfahren hat, wird angeregt, aus dem Vorfall ein »Debriefing« zu machen. Das Ereignis wird gemeinsam Schritt für Schritt durchgegangen und dokumentiert. In einem zweiten Schritt überlegen alle gemeinsam: Sollte sich so ein Vorfall wiederholen – an welcher Stelle verhalten wir uns genauso, an welcher Stelle anders? Welche Eskalationsschwellen gibt es und wann wird worauf wie reagiert? Aus dieser Arbeit entsteht in der Supervision eine Checkliste, die mit der Bereichsleitung, die für alle Standorte verantwortlich ist, und einem Ansprechpartner bei der Polizei im Anschluss abgestimmt wird. Das Ergebnis wird in der standortübergreifenden Leitungsrunde allen zugänglich gemacht und gemeinsam samt Handreichung mit den jeweiligen Teams vor Ort nachbesprochen. Am Ende der Supervision berichtet die Standortleitung, sich entlastet zu fühlen. Offenbar habe sie instinktiv gut gehandelt. Der wichtigere Teil für sie sei aber das Gefühl, unter den »kritischen Augen« der Kolleginnen ein Verfahren für die Zukunft entwickelt zu haben, an das sie selbst glauben könne. Und nach einer Feedbackrunde äußert sie, es freue sie außerordentlich, dass sie mit ihrer Verunsicherung zur Versicherung aller beitragen konnte.

Kultur

Ähnlich wie es kein Nicht-Wetter geben kann, gibt es auch keinen kulturlosen Ort. Ein Großteil dessen, was und wie etwas geschieht, ist Ausdruck und Folge der jeweiligen Kultur des Systems. Kultur lässt sich fassen als die Summe der

»nicht entscheidbaren Entscheidungsprämissen« (Luhmann, 2011), also all jener Spielregeln, die wie selbstverständlich das Handeln der Beteiligten prägen, ohne bewusst und damit auch potenziell fragwürdig werden zu können. Eingang in das kulturelle Gedächtnis der Organisation finden dabei insbesondere die Prämissen, die sich in kritischen Momenten der Systemgeschichte bewährt haben. Kulturmerkmale gleichen impliziten Beziehungsübereinkünften und sind immer auch Ausdruck der Erfolgsmuster eines Systems: »So haben wir es schon immer gemacht und so hat es auch immer funktioniert« beziehungsweise »So haben wir es damals in dieser schwierigen Situation gemacht und das wird jetzt auch helfen«.

Gerade diese Selbstverständlichkeit kultureller Spielregeln ist es, die die Entwicklung des Systems ungut begrenzen kann. Genau das, was sich lange Zeit bewährt hat, führt nicht mehr weiter. So kann beispielsweise die lange Zeit tragfähige basisdemokratische Grundausrichtung eines Teams an Grenzen stoßen, wenn die Einrichtung stark wächst oder die Finanzierungsanforderungen ein schnelleres Handeln erfordern. Konflikte und Krisen im Team können dann darauf aufmerksam machen, dass die impliziten Erfolgsmuster der Vergangenheit einer Überarbeitung bedürfen. Wer nicht auf krisenhafte Ereignisse warten will, um die eigene Kultur zu beobachten, kann über die Einladung zum Perspektivwechsel die impliziten Entscheidungsprämissen aus dem Raum der Selbstverständlichkeit heben.

– Worüber habe ich mich am ersten Arbeitstag noch gewundert, was mir heute selbstverständlich erscheint?
– Kultur wird am Verstoß erkennbar: Wie könnte ich mich hier als neue Mitarbeiterin sofort disqualifizieren? Was sollte man hier auf gar keinen Fall tun?
– Wenn ein Alien zu Besuch käme und eine Weile auf unser Team schauen würde, was würde ihm vermutlich auffallen?
– Wenn es hart auf hart kommt, wie gehen wir typischerweise mit Herausforderungen um?

Auf der Suche nach Kulturmerkmalen bieten sich darüber hinaus Fragen nach dem gefühlten Alleinstellungsmerkmal beziehungsweise den Besonderheiten des eigenen Bereichs an:
– »Was denken Sie, läuft bei Ihnen anders als auf oder in anderen Stationen/Filialen/Zweigstellen?«

Dabei ist es nicht wichtig, ob diese Unterschiede tatsächlich existieren. Entscheidender ist, dass diese »Einzigartigkeitsgeschichte« erzählt und damit handlungsleitend werden kann (Zwack, 2011).

Kulturelle Spielregeln sind auf unterschiedlichste Themenfelder bezogen, zum Beispiel Umgang mit Gefühlen, Genderfragen, Hierarchie, Überforderung und vielem mehr. Von besonderem Interesse für Beratungsprozesse sind Regeln rund um die Frage, wie Entscheidungen getroffen, aufrechterhalten und gegebenenfalls revidiert werden. Was passiert, wenn sich jemand nicht an die Vereinbarung hält? Wie kommt überhaupt eine Entscheidung zustande? Wann gilt etwas als entschieden? Auch der Umgang mit Unterschiedlichkeit (z. B. hinsichtlich Kompetenz, Stil, fachlichen und menschlichen Differenzen oder auch Statusfragen) kann ein relevanter Fokus sein.

Fallbeispiel
In einem Team von Pädagogen berichtet eine Kollegin im Rahmen der Fallsupervision von deutlicher Überlastung. Sie klagt über Führungsversagen, unzumutbare Rahmenbedingungen und eine große Überforderung. Ein konkretes Anliegen zu formulieren, fällt ihr schwer – sie sei »einfach erschöpft und wolle dies teilen, weil es ja vermutlich allen so gehe«. Versuche, das Team in die Reflexion dieser Situation einzubinden (»Wie erleben Sie das? Kennen Sie vergleichbare Situationen? Was hilft Ihnen dann?«) verlaufen schleppend. Einige zeigen sich empathisch, etliche verhalten. Die Supervisorin greift die nonverbalen Signale auf und wirft die hypothetische Frage in den Raum: »Einmal angenommen, jemand hier würde die Situation ganz anders erleben – würde er oder sie es hier sagen?« Einige meinen: »Wohl eher nicht.« Im nächsten Schritt hypothetisiert die Supervisorin die handlungsleitende Spielregel im Hintergrund: »Es scheint so zu sein, als gäbe es hier die Regel ›Wenn wir die Dinge unterschiedlich sehen, behalten wir das lieber für uns‹?«

Wer implizite Spielregeln einer Überarbeitung zugänglich machen möchte, tut gut daran, sie – vor jeglichem Veränderungsimpuls! – zunächst in ihrer Funktionalität zu erkunden. Führen wir das Fallbeispiel weiter:

Als einige Teammitglieder zustimmend nicken, explorieren wir die Regel tiefer und führen die Diskussion auf der Metaebene weiter: »Seit wann gibt es diese Regel in Ihrem Team? Wann – in welcher Zeit, unter welchen Bedingungen – könnte sie entstanden sein? Was genau muss ich tun, um sie einzuhalten?« Die Regel besteht gefühlt schon lange, Harmonie im Team ist ein hoher Wert, etwas, woran sich alle in anstrengenden Zeiten wiederkehrend aufgerichtet haben. Besonders wichtig war dieser Zusammenhalt in einer Zeit, in der die Finanzierungsgrundlage des Teams von außen immer wieder in Frage gestellt wurde: Rechnen wir uns? Wird es uns morgen noch geben? Auf die Frage »Was hat diese Regel ermöglicht in dieser Zeit? Was verdanken Sie ihr?« zeigt sich: Solidarisch zu sein, sich untereinander zu stützen und schützen war und ist ein hohes Gut. Erst als die Regel in ihrer Sinnhaftigkeit legitimiert und anerkannt ist, bietet die Supervisorin Fragen an, die zu Differenzierung anregen: »Was vermuten Sie – finden Sie die Regel im Team alle gleich nützlich oder gibt es Unterschiede? Wer ist wohl eher ›Fan‹, wer sieht die Regel vermutlich eher kritisch?« Die implizite Botschaft dieser Interventionen lautet: Unterschiedliche Perspektiven sind der Normalfall. Darf diese Unterschiedlichkeit sein, können weitere Verflüssigungen angeboten werden: »Wo könnte diese Regel heute auch hinderlich oder begrenzend wirken? Wie würden Sie diese Regel gern weiterentwickeln?«

Kultur und die zugehörigen Regeln beobachtbar zu machen ist das eine, sie nachhaltig zu verändern das andere. So wissen wir alle aus eigener Erfahrung, dass die reine Formulierung eines Leitsatzes (»Wir respektieren und helfen einander«) selten zu einem solchen Verhalten führt – und noch seltener nachhaltig wirkt. Dies gilt unabhängig davon, wie häufig und auf welchen Kanälen dieser Leitsatz formuliert wird (im QM-Ordner, im Banner über dem Eingang, auf der Weihnachtsfeier oder im Teamentwicklungsworkshop). Dennoch scheint es immer wieder verführerisch, Kultur durch solche Zielformulierungen beeinflussen zu wollen. Leitwerte im Sozialsystem sind Beschreibung eines *erwünschten* Wir. Ihre bloße Bekundung verändert in den meisten Fällen nichts. Außer sie entfernt sich zu stark von den gelebten Werten, dann könnte gesteigerter Zynismus in der Mitarbeiterschaft die Folge sein! Auch wenn die Fragen »Wer wollen wir sein und wie wollen wir miteinander arbeiten?« fruchtbare Diskussionen anregen können, müssen sie mit den zentralen Entscheidungsprämissen des Systems verknüpft werden, um wirksam zu werden.

Wer Kultur in Organisationen verändern will, muss also »über Bande spielen«. Das heißt, nach der Formulierung des Leitbilds/der Leitwerte stellt sich die Frage, welche Anpassungen auf Ebene der Entscheidungsprämissen (Personen, Kommunikationswege, Programme) erforderlich sind: Wenn wir zum Beispiel »eine Kultur des Respekts und der wechselseitigen Unterstützung« befördern wollen,
– welche Personen müssen wir künftig anheuern und wie? Welche Auswahlkriterien für Beförderung legen wir zugrunde?
– welches Verhalten wird wie honoriert?
– wie hilfreich beziehungsweise hinderlich sind unsere bisherigen Dienstwege dafür? Er- oder entmutigen sie gewünschtes Verhalten?
– besteht die Frage, an welcher Stelle wir individuelle Gestaltungsräume ermöglichen und an welcher verbindliche Vorgaben gelten sollen.

Die Verknüpfung von »weichen« Kulturfragen mit »harten« Entscheidungsprämissen hilft auch dabei, das eigentliche *Wofür* nicht aus den Augen zu verlieren. Kulturelle Leitbilder sind kein Selbstzweck. Sie stehen im Dienste einer verbesserten Antwortfähigkeit der Organisation auf die Herausforderungen ihrer relevanten Umwelten. Insofern stellt sich auch stets die Frage: Inwiefern helfen uns diese Werte dabei, den anstehenden Aufgaben und Anforderungen (besser) gerecht zu werden?

Was ist mit diesem Kulturverständnis für die Teamberatung und -supervision gewonnen? Zunächst bewahrt es die Beraterin davor, zu enthusiastisch auf den Kulturzug aufzuspringen und entsprechende Anliegen auf die damit verbundenen Ambitionen zu hinterfragen (»Sie möchten gerne über die Teamwerte sprechen in der Hoffnung, dass *was* konkret passiert? Welche Wirkung an welcher Stelle im Miteinander erhoffen Sie sich davon?«). Oft reicht schon diese Frage, um die Kommunikation wirkungsvoller auszurichten. Damit kulturelle Werte nicht zu Ballons verkommen, »deren Hüllen man aufbewahrt, um sie bei Gelegenheit aufzublasen, besonders bei Festlichkeiten« (Luhmann, 2021, S. 342), empfiehlt es sich, auf eine stimmige Entsprechung in den Bereichen Personen, Kommunikationswege und Entscheidungsprogramme zu achten. In all der Unvorhersehbarkeit des Organisationsalltags bleiben diese Prämissen die zentrale Orientierungsstütze.

2 Phasen der Team- und Organisationsentwicklung

Phasenmodelle beschreiben Sozialsysteme entlang ihrer Entwicklung. Sie unterstellen einen typischen Verlauf und erlauben so die Einordnung der aktuellen Dynamiken. Auch wenn Systeme sich in den seltensten Fällen tatsächlich in der Linearität des jeweiligen Modells entwickeln, halten sie eine wohltuende Botschaft bereit: Das, was ihr hier gerade erlebt, ist normal und deshalb annehmbar. Was angenommen wird, kann wiederum leichter verändert werden. Darüber hinaus bieten Phasenmodelle Stoff für die Hypothesenbildung bezüglich der Teamdynamik.

Das wohl bekannteste Modell stammt von Tuckman (1965; s. Abbildung 2) und beschreibt Phasen der Teamentwicklung. Nach der Teamzusammensetzung und dem ersten Kennenlernen der Mitstreiterinnen *(Forming)* beginnt das Team mit der Ideenentwicklung *(Storming)*. Jeder versucht sich einzubringen, jede sucht nach ihrem Platz. Mit der Zeit erweisen sich manche Lösungen als tragfähiger als andere, und es stellt sich heraus, wer wo den besten Beitrag leisten kann. Nicht immer besteht darüber Einigkeit, so dass die Normbildung *(Norming)* im Team durchaus von Konflikten und Verhandlungen begleitet ist. Ist diese Phase abgeschlossen, kommt das Team in seine produktivste Phase *(Performing)*. Kompetenzen, Zuständigkeiten und Aufgabe passen, jede weiß, an welcher Stelle ihre Verantwortung liegt. In dieser Phase der Prozesssicherheit gibt es wenig Anlass zu wechselseitiger Irritation untereinander. Stilistische Unterschiede werden leichter toleriert. Ändert sich die Aufgabe, ist diese gar erfüllt oder verlässt eine Leistungsträgerin das Team, verliert die Gruppe einen hart erarbeiteten Frieden. Was aus strategischen oder persönlichen Gründen als nachvollziehbare Veränderung daherkommt, fühlt sich für die Mitglieder oft an, als würde man »zerrissen«. An dieser Stelle geht es in der Beratung vorwiegend um die Begleitung des Abschieds und der damit einhergehenden Trauer, die im besten Fall einen Weg in ein geteiltes Dankbarkeitsgefühl findet. Nicht immer durchlaufen Teams diese Phasen nacheinander in der klassischen Abfolge. Den Nutzen des Modells sehen wir deshalb weniger darin, Prognosen zu machen (»Wenn die Norming-Phase endlich durchschritten sein wird, kann hier gut zusammengearbeitet werden«), sondern Reflexionen zum aktuellen Teamprozess anzuregen (»Wo stehen wir gerade? Was braucht es in dieser Phase vorrangig?«).

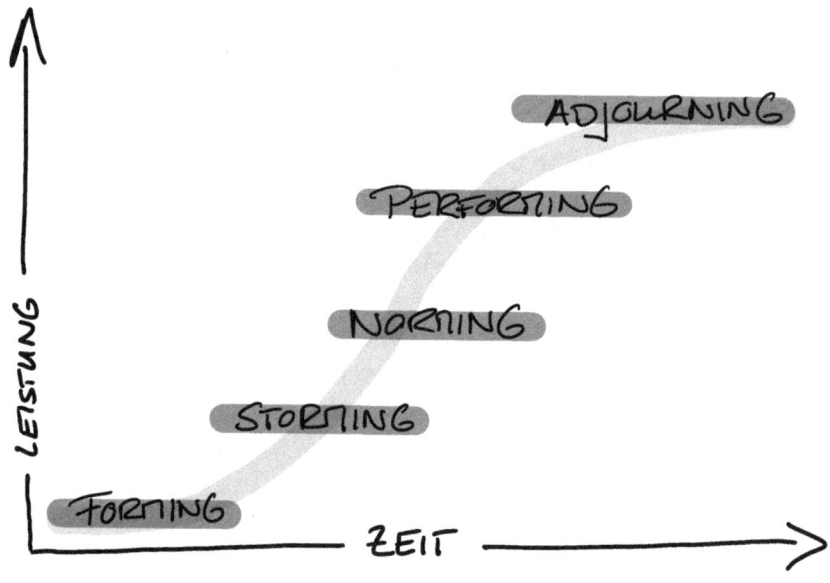

Abbildung 2: Phasen der Teamentwicklung

Ein weiteres Phasenmodell der Organisationsentwicklung stammt von Glasl und Lievegod (2016; s. Abbildung 3). Sie unterscheiden vier Phasen, diese beziehen sich auf die Unternehmung als Ganzes. Entsprechend beginnt das Modell mit der

Pionierphase. Der Name verrät, worauf in dieser Phase das Augenmerk liegt: dem Pionier. Es ist sein Unternehmen, es sind seine Leute. Die Unternehmerin ist es, der die Organisation ihre Existenz verdankt. Und alle, die in dieser Phase waghalsig genug sind, ihr zu folgen, sich von Vision und Opportunität des Moments begeistern zu lassen, richten ihr Augenmerk auch und insbesondere auf ihre Person. Personen als Entscheidungsprämisse sind in dieser Phase vorrangig. Die Pioniere sind die Struktur der Organisation. Was sie möchten, welchen Umgang sie pflegen, bestimmt im Wesentlichen, was (nicht) läuft. Wie immer, wenn Personen im Vordergrund stehen, ist die narzisstische Rendite potenziell hoch. »Nichts läuft, wenn ich es nicht mache.« Selten fühlt man sich in einer Organisation derart gebraucht und unersetzlich wie in der Pionierphase. Die Motivation aller Beteiligten ist in der Regel hoch, keiner macht nur einen Job. Das Team ist bereit, die vielzitierte »extra Meile« zu laufen und bestätigt sich gegenseitig in seiner Aufopferungsbereitschaft für den möglichen Erfolg. Tritt dieser ein, ist das zunächst Bestätigung. Damit einher geht jedoch ein Wachstum, das über Personen allein nicht mehr zu verwalten ist, ohne Einschränkungen in Qualität oder Gesundheit hinzunehmen. Das Wachstum setzt die Organisation damit vor eine Entwicklungsherausforderung.

Es folgt die *Differenzierungsphase,* die zugespitzt »den Rollentod« der Pionierin als Unternehmerin fordert. In den Fokus der Aufmerksamkeit rücken nun Prozesse, die nicht unternommen, sondern *gemanaged* werden wollen. Um neue Mitarbeitende schnell ins Team einbinden zu können, bedarf es Rollen- und Prozessbeschreibungen, die universell greifen. Auf persönliche Bedürfnisse der Mitarbeitenden kann zunehmend schwer Rücksicht genommen werden, Anpassungen an Kundenbedarfe werden seltener. Im Vordergrund stehen die Etablierung von Prozessen, und die Schaffung von Teilverantwortlichkeiten durch klare Trennung von Zuständigkeitsbereichen. In der Folge bilden sich Subsysteme aus, die ihre Aufgabe ernsthaft verfolgen und dabei den Gesamtzusammenhang zunehmend aus dem Auge verlieren. Der Selbstbezug nimmt zu.

Das »Denken in Silos« ist das Charakteristikum des Endes dieser Phase, die gleichzeitig die Notwendigkeit der *Integrationsphase* offensichtlich werden lässt. Aufgabe dieser Phase ist es, die internen Grenzen zu überwinden. Supervision kann dazu beitragen, indem das Setting bewusst weiter gefasst wird und angrenzende Berufsgruppen (z. B. im Krankenhaus, Vertreter der kaufmännischen Seite oder inhaltlich angrenzender Stationen) als Gäste eingeladen werden, um aus Schnittstellen Nahtstellen werden zu lassen. Bis wohin reicht unser Aufgabenbereich? An welcher Stelle übergeben wir was an unsere internen Kundinnen? Dies sind die handlungsleitenden Fragen dieser Entwicklungsphase.

Die *Assoziationsphase* schließlich verlässt als vierte und letzte Phase der Unternehmensentwicklung den Kosmos des Unternehmens und stärkt die Verbindungen des Öko-Systems zu Kundinnen und Lieferanten. Organisationsentwicklung kann hier auch stattfinden, indem die Perspektive beider hinzugezogen wird.

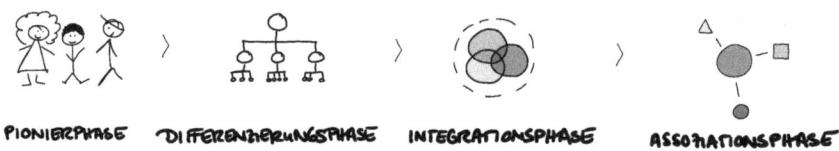

PIONIERPHASE DIFFERENZIERUNGSPHASE INTEGRATIONSPHASE ASSOZIATIONSPHASE

Abbildung 3: Phasen der Organisationsentwicklung

Insbesondere der Übergang von der Pionierphase in die Differenzierungsphase ist ein Entwicklungsschritt, der Teams an ihre persönlichen Grenzen bringt.

Fallbeispiel
Vier Freunde gründen ein Start-up. Sie verbringen gerne und viel Zeit miteinander, lachen und hängen sich rein. Jeder weiß, dass alle bereit sind, füreinander weit zu gehen. Mit dem Erfolg und dem damit einhergehenden Wachstum verändern sich jedoch auch die Aufgaben – das Team, in dem bislang die Regeln der Freundschaft galten (u. a. »Wir sind alle gleich«), muss sich zum Führungsteam entwickeln, um das Unternehmen in die Differenzierungsphase zu führen. Nicht jeder gute Freund ist jedoch auch eine gute Führungskraft – das, was die Organisation für ihre Weiterentwicklung vom Team fordert, liegt nicht mehr allen gleich gut und erscheint nicht allen gleich attraktiv. Mit dem Phasenmodell beschreiben wir die Situation versachlicht. Man kann sich im Sinne der Freundschaft trennen, weil es organisational nicht mehr passt. Oder einen Gründer zum Mitarbeiter machen, wenn die Geschäfte von heute nicht mehr mit den Mitteln von früher zu führen sind.

3 Führung und Macht

Die Aufgabe von Führung

Wenn das Überleben der Organisation letztendlich an ihrer Entscheidungsfähigkeit hängt, besteht die Kernaufgabe von Führung darin, sicherzustellen, dass immer wieder neu entschieden werden kann. Führung ist dabei eher ein Prozess der klugen Entscheidungsanbahnung als die unerschrockene Entscheidung einer einsamen, mehr oder weniger heroischen Person. Führung als Praxis beschreibt den *Weg* zur Entscheidung. Der Leitung obliegt die Organisation dieses Weges und das Bestimmen dessen, was letztendlich gültig ist. Wie diese Führung praktiziert wird, hängt immer mit dem jeweiligen Kontext und den zu bewältigenden Aufgaben zusammen. Auch wenn im systemischen Feld Führung oft partizipativ gedacht wird, favorisiert der systemische Ansatz per se keinen bestimmten Führungsstil. Ob autoritär, laissez faire, situativ, dienend, fordernd etc. – nichts davon ist per se besser oder schlechter, sondern wird immer auf seine Passung zur jeweiligen Situation und Aufgabe hin beleuchtet (»An welcher Stelle unterstützt Ihre Chefin Sie am besten, indem Sie Ihnen eine Ansage macht? An welcher Stelle am besten, wenn sie Ihnen den Entscheidungsraum überlässt?«).

Darüber zu entscheiden, wie zu entscheiden ist, ist das Kerngeschäft von Führung. Da Entscheidungen nur als solche gelten können, wenn sie von allen wahrgenommen und akzeptiert werden, erkennt man sie an einem für das jeweilige Kollektiv bindenden Charakter.

Führung in die Beratung einbeziehen?

Wenn Führung für die Entscheidungsfindung unerlässlich ist und sich ohne Entscheidungen in Organisationen nichts ändert, bleibt die Frage, wie Führungskräfte in Supervision und Teamentwicklung sinnstiftend eingebunden werden können. Nichts, was über ein individuelles Erleben oder kommunikatives Miteinander hinausgeht (und manchmal nicht mal das!), kann ohne die Führung transformiert werden. Wer auf die Teilnahme von Führungskräften in der Beratung verzichtet, geht zum Buffet und hat die Zähne vergessen. Gegen die Teilnahme der Führung spricht vordergründig oft die Einengung des Kommunikationsraums. In der Kaffeeküche oder auf der Toilette kann – wenn nicht gerade der Chef nebenan sitzt – über alles gesprochen werden (»Ich sag's jetzt einfach mal so«), denn alle wissen, dass das, was hier passiert, in den meisten Fällen auf die ein oder andere Art wieder verpufft. Ähnlich verhält es sich in einer Supervision ohne Leitung. Alles ist thematisierbar, weil keine Konsequenz zu befürchten ist. Damit das Beratungssetting nicht zur rein kathartischen Veranstaltung wird, ist es wichtig, es an Führung anzukoppeln.

Fallbeispiel
In einer Supervision vor der Ferienzeit kommt es auf wundersame Weise dazu, dass beide Mitarbeiterinnen mit Leitungsfunktion bereits im Urlaub weilen. Die anwesenden Mitarbeitenden nutzen dies und machen ihrem Unmut Luft: Nichts funktioniere, Weiterbildungswünsche würden nicht unterstützt, Zeugnisse nicht ausgestellt, die Leitung

überschreite immer wieder ihre Befugnisse und generell seien diese nicht klar. Der Supervisor begegnet den Unzufriedenheiten mit Interesse und versucht sie zu verstehen. Er validiert das Erleben, jedoch nicht den Inhalt (»Ich verstehe, dass es frustrierend ist, wenn Sie sich an dieser Stelle mit in Ihren Augen unnötiger Bürokratie konfrontiert sehen. Natürlich kann ich nicht beurteilen, ob sie wirklich unnötig ist, aber auch ich weiß, wie sich das anfühlt und das wünsche ich Ihnen nicht«). Ist das Erleben gewürdigt, geht es darum, den Dreh zu finden, der die vorgestellten Themen entscheidbar werden lässt. Fragen an das Team sind daher: »Was soll nun damit passieren? War es gut, einfach mal Dampf abzulassen, oder sind das Punkte, die so nicht hinnehmbar sind?« Und falls letzteres: »Wo müssten Sie wann vom wem angesprochen und gehört werden? Wer aus dem Team kann am ehesten für solch ein Gespräch werben? Was soll aus der Supervision weitergetragen werden? Was bleibt hier im Raum? Welche Form der Begleitung wäre sinnvoll?« Das Team entscheidet, die Chefinnen für ein moderiertes Gespräch gewinnen zu wollen. Gerne wollen sie dies durch den Supervisor begleiten lassen. Die Chefinnen erklären sich einverstanden, der Supervisor fungiert für die Moderation dieser Gespräche als Mediator oder Teamentwickler auf Zeit, bevor es nach getaner Arbeit wieder als Supervisor weitergeht.

Im vorliegenden Beispiel wird die Verankerung der Klage im entscheidungsrelevanten Raum durch eine erneute Auftragsklärung sichergestellt. Alternativ kann die Einbeziehung von Führung auch als Routine etabliert werden, indem die Leitung kontinuierlich am Anfang und am Ende oder zu bestimmten Punkten geladen und einbezogen wird. Bewährt hat sich auch, Supervisionen mit einer offenen Reflexion zwischen Beraterin und Führungskraft zu beschließen. Im Beisein des Teams wird laut darüber nachgedacht, was die heute besprochenen Themen für die Leitung bedeuten, welche nächsten Schritte oder offenen Fragen für die Führung bestehen. Fehlt die Führungskraft gänzlich, droht der Berater zum Fremdmanager zu werden. Der Beratungsprozess kann dann noch so gut laufen, die Führung selbst wird daraus geschwächt hervorgehen. Damit beraubt man das Team der Investition in die eigene Entscheidungsfähigkeit. Nachhaltige Entwicklungsarbeit geht anders. Dies gilt auch dann, wenn »der Fisch vom Kopf stinkt« – also die Leitung das wesentliche Problem ist.

Fallbeispiel
Ein Team leidet nach Führungswechsel massiv unter dem neuen Chef. Er sei nicht nur »ganz anders« als die Vorgängerin (»Das war ja klar, dass sich nach so langer Zeit auch etwas ändern muss«), sondern trete zudem ständig sowohl fachlich als auch persönlich entwertend auf. Melde man dies rück, ziehe er sich gekränkt zurück und lasse einen in der Folge spüren, dass »man es sich mit ihm verdorben hat«. Da der Chef selbst

nicht an der Supervision teilnehmen möchte, gerät der Supervisionsraum zunehmend zur wirkungslosen Klagemauer. Die Supervisorin versucht, das Team in die Mitverantwortung für die Kommunikation zu nehmen: »Welche Macht hat Herr W. über Sie? Wie geben Sie ihm diese Macht? Was hieße es, im besten Sinne nicht mitzuspielen? Wie könnten Sie Teufelskreise aus Rückzug, Vorwurf und Verunsicherung durchbrechen?« So vergehen einige Sitzungen mit nur kurzfristig entlastender Wirkung. Gemeinsam mit dem Team wird deshalb entschieden, über Herrn W. nur noch mit Herrn W. zu sprechen. Nach einigen Anläufen erscheint Herr W. in der Supervision. Im Versuch, die wechselseitigen Positionen zu verstehen und Teufelskreise zu durchbrechen, zeigt sich das vom Team beschriebene Muster. Herr W. reagiert auf alle Verständigungsversuche mit abwertendem Sarkasmus (»Keine Zeit für dieses Dutzi, dutzi«), die Sitzung endet ergebnislos und Herr W. verkündet, nicht mehr zu Veranstaltungen mit der Supervisorin zu kommen. Er erwarte, dass ein neuer »neutraler« Berater gefunden werde. Das Team macht sich auf die Suche, rasch wiederholt sich das Muster mit dem neuen Supervisor. Als auch dieser Prozess gescheitert ist, fasst das Team den Mut, die Situation »nach oben zu eskalieren« – eine zuvor kulturell undenkbare Strategie. Die gescheiterten Beratungsprozesse dienen dabei als offizieller Beleg dafür, dass wenig unversucht gelassen wurde. Nach weiteren zwei Monaten beschließt die Organisation, sich von Herrn W. zu trennen.

Wer hat hier welche Macht?

Mit Führung gehen Hierarchie und damit ein Machtgefälle einher. Der Vorteil dieses Gefälles ist, dass schneller entschieden werden kann. Wenn klar ist, wer das Sagen hat, ist schneller klar, was gilt. Auch wenn es nicht die beste Lösung sein mag, so ist es doch eine, an der sich alle orientieren können. Basisdemokratischere Modelle haben den Vorteil, dass sich die Beteiligten mehr mit den Ergebnissen identifizieren (Betroffene zu Beteiligten machen) und von der Diversität der Ideen profitieren (die Hierarchie des besten Arguments). Der Preis ist die Dauer, die es zur Entscheidungsfindung braucht. Überall, wo es schnell gehen muss (Operationssaal, Militär, …), ist deshalb mit hierarchischen Strukturen zu rechnen (Simon, 2019).

Macht ist damit per se weder gut oder schlecht, sondern ein Mechanismus der Unsicherheitsabsorption, der zu kollektiv bindenden Entscheidungen führt. Die Funktion von Macht liegt im Zeitgewinn und in der Orientierung, die sie stiftet. Doch wie zeigt sich Macht im organisationalen Alltag? Fassen wir Organisationen als Kommunikationssysteme, die aus Kommunikation und nur aus Kommunikation bestehen (vgl. Kapitel 1), besteht Macht wesentlich darin, zu beeinflussen, an wessen Kommunikationen (nicht) angeschlossen wird. Der

Einfluss hierauf entscheidet, was letztendlich in den Kommunikationsraum gelangt und so Grundlage zukünftiger Entscheidungen wird.

Fallbeispiel
In der Supervision einer psychologischen Beratungsstelle äußert eine Mitarbeiterin Zweifel, ob die von ihr begleiteten hochstrittigen Eltern im Standardsetting der Stelle (stark formalisierter Ablauf, Begrenzung auf fünf Sitzungen) gut unterstützt werden können. Diese Zweifel werden in der weiteren Kommunikation zunächst nicht aufgegriffen, alle steuern Ideen innerhalb des bestehenden Settings bei. Als der Supervisor dies bemerkt, entscheidet er sich, die Leitung direkt zu adressieren und die implizite Machtfrage explizit zu stellen: »So wie ich Frau Meier verstanden habe, geht es auch um grundsätzlichere Fragen. Darf das Standardsetting in begründeten Fällen auch verlassen werden? Wie stehen Sie als Leitung dazu?«

Die Dienstleistung von systemischer Supervision und Teamberatung besteht wesentlich darin, den Raum des Besprechbaren zu vergrößern. In der Erweiterung dessen, was gesagt, gehört und verstanden werden kann, wird der Boden bereitet für eine Entscheidung, die ohne die Beraterin nicht möglich gewesen wäre, da die bestehenden Mechanismen der Unsicherheitsabsorption dies von vorneherein erschwert oder ausgeschlossen hätten.

Die Definition von »Macht als Einflussnahme auf die Anschlusskommunikationen« sensibilisiert uns auch für andere Phänomene. Vielredner und Zeitgenossinnen, die unermüdlich denselben Inhalt wiederholen, verfügen über Macht. An ihrem Verhalten kommt nahezu keiner vorbei, denn: Die Nicht-Bezugnahme fordert einen beträchtlichen kognitiven und emotionalen Aufwand aller Anwesenden. Es »macht was mit mir«, wenn das immer gleiche Argument oder der unendliche Redefluss elefantös im Raum stehen. Die Macht der Supervisorin besteht nun darin, derartige kommunikative Muster zu erkennen und moderierend Einfluss zu nehmen. In einer Verstehensbewegung wird dafür die Kernaussage aufgegriffen (»Verstehe ich Sie richtig? Ihnen geht es darum, ... und sie sehen es so ... und deshalb liegt es für Sie nahe, so vorzugehen?«) und sichtbar schriftlich festgehalten. Das Gesagte ist im Raum, bei allen folgenden Schleifen kann der Moderator darauf verweisen (»Das klingt für mich danach? Inwiefern ist das, was Sie gerade sagen, dazu noch einmal eine Ergänzung? Dann nehme ich das gerne auf. Sonst lassen sie uns nochmal gucken, was in der Gruppe noch für Einschätzungen vorliegen. Je mehr Perspektiven wir haben, desto besser«). Ist der Punkt einmal verstanden und fixiert, kann die Supervisorin in der Anschlusskommunikation von ihrer Macht Gebrauch machen und weitere Fragen stellen, die den Raum des Sagbaren vergrößern:

- »Wer sieht es ähnlich? Wer sieht es anders?«
- »Angenommen, es gäbe noch andere Themen, die für Sie als Team gerade wichtig sind – welche könnten das sein? Lassen Sie uns noch ein bisschen weitersammeln, dann können wir im Anschluss besser entscheiden, was es sich heute lohnt zu fokussieren.«

Nicht immer sind Machtallokationen derart leicht zu fassen wie in den vorangegangenen Beispielen. Varga von Kibéd und Sparrer (2020) unterscheiden fünf Ebenen, die für das Machtgefüge in Teams und Organisationen relevant sind. Wir können sie nutzen, um Hypothesen zu generieren und zu entscheiden, an welcher Stelle wir die eigene kommunikative Macht nutzen wollen, um den Kommunikationsraum zu weiten. Die exemplarischen Fragen dienen der eigenen Systemreflexion der Beraterin, können jedoch auch Grundlage für Soziometrien bilden beziehungsweise im Kennenlernen erkundet werden (vgl. Kapitel III, Abschnitt 3).

Prinzipien der Zugehörigkeit
Der Grad des Einflusses jedes Einzelnen hängt auch an dessen Zugehörigkeitsform zur Organisation. Befristete und unbefristete Arbeitsverhältnisses (vertraglich oder durch baldiges Erreichen des Rentenalters), Beschäftigung auf Honorarbasis oder in Anstellung (Berater, Kreative u. a.), Teilzeit, Vollzeit etc. sind mögliche relevante Unterschiede.
FRAGEN: Wer ist hier (noch) wie lange beschäftigt? Wer ist hier »unkündbar«, wer hier vertraglich nur lose gebunden? Wer verbeamtet, wer »nur« angestellt?

Prinzipien der Reihenfolge
»Graue Eminenzen« oder »alte Eisen«, »Grünschnäbel« oder »alte Hasen« sind nur einige Beispiele für die Bedeutungsgebungen, die mit Reihenfolgen assoziiert sind. Sie können Unterschiede in der Einflussnahme erklären.
FRAGEN: Wer war zuerst da? Wer kam zuletzt? Was habe ich hier als Neue zu sagen?

Prinzipien der Regelung des Energieflusses
»Who makes the money makes the rules?« Wie entscheidend im wahrsten Sinne des Wortes eine Person ist, hängt wesentlich von der Frage ab, wie sehr sie die Handlungsfähigkeit des Teams oder der Organisation sichert. Welche Professionen/Bereiche verdienen das Geld? Von wem hängt die Öffentlichkeitswahrnehmung ab? Wer tangiert die zentralen Währungen der Organisation in seinem Tun maßgeblich?
FRAGE: Wessen Weggang würde die Organisation finanziell am stärksten spüren?

Prinzipien der Krisenbewältigung
Die erfolgreiche Krisenbewältigung hat oft andere Erfordernisse als die erfolgreiche Alltagsbewältigung. So speist sich die Macht einiger Kolleginnen aus der Erfahrung, dass sie »im Fall des Falles« nützliche Dienste leisten – auch wenn sie im Alltag als anstrengend oder wenig mehrwertstiftend erlebt werden.
FRAGEN: Wer ist hier in Krisen entscheidend? Ohne wen würde hier im Krisenfall schnell alles zusammenbrechen?

Prinzipien des Kompetenzvorrangs
Organisationsmitglieder unterscheiden sich in ihrer fachlichen und sozialen Kompetenz. Sie sind unterschiedlich leicht ersetzbar, was ihren Einfluss steigen oder sinken lässt.
FRAGEN: Wer sind hier die Leistungsträger? Wer bringt hier mehr oder weniger einzigartige Kompetenzen zum Gelingen ein? Wer ist gefühlt unverzichtbar?

Fallbeispiel
Ein Team von Sozialarbeitern in einer onkologischen Klinik klagt in der Supervision über mangelnde Wertschätzung anderer Berufsgruppen. Immer wieder neu müsse man für eine rechtzeitige Einbindung in die Nachsorgeplanung werben – um dann am Ende doch wieder unter Hochdruck schnelle und suboptimale Lösungen zu produzieren. Es sei einfach nicht verstehbar, »warum die behandelnden Ärzte uns nicht frühzeitiger informieren«. Alle Appelle, eine zeitgerechte Einbindung mitzudenken, seien bislang meist nach kurzer Zeit versandet. Die Beraterin lädt das Team zu einer machttheoretischen »Ent-täuschung« ein und geht der Regelung des Energieflusses nach. »Die Nachsorgeplanung scheint zwar wichtig zu sein, praktisch aber nicht früh genug handlungsrelevant zu werden. Angenommen, Sie würden dies nicht persönlich nehmen, sondern eher als Ausdruck struktureller Bedingungen sehen – welche könnten dies sein?« Es wird deutlich, dass eine gute Nachsorge das Behandlungsoutcome zwar mittelfristig, aber nicht kurzfristig mitbestimmt. Auch Geld wird damit auf den ersten Blick keins verdient. Das Team identifiziert jedoch indirekte Kosten und Reputationsverluste durch verzögerte Verlegung beziehungsweise notwendige Wiederaufnahmen. In der Folge konzentrieren wir uns auf die Frage, wie diese Kosten in der Kommunikation sichtbarer werden können.

Alle skizzierten Facetten von Macht sollen nicht über den Tatbestand hinwegtäuschen, dass die Macht oft mit dem ist, der schlicht weniger will und sich dies leisten kann. Ein auch schweigend vorgebrachtes »Ist mir doch egal« ist nicht nur in der Pubertät, sondern auch in späteren Lebensphasen eine mächtige Intervention. Wir können auch diese Position beim Namen nennen und sie befragen:

- »Wenn ich Sie richtig verstehe, sagen Sie: ›Wir brauchen da im Moment nichts zu unternehmen. Es gibt Wichtigeres.‹ Ist das richtig?« »Ja.«
- »Bestimmt gibt es gute Gründe für diese Haltung. Interessant fände ich noch zu erfahren: Was müsste sich verändern, was passieren, damit Sie sagen: Jetzt ist der Zeitpunkt gekommen, jetzt bin auch ich der Meinung, dass Handlungsbedarf besteht?«

Ab und an kann es auch hilfreich sein, das Kind noch deutlicher beim Namen zu nennen:
- »Wenn ich Sie richtig verstehe, braucht es für Sie momentan keine Veränderung.« »Das ist richtig.« »Das bringt Sie natürlich in eine mächtigere Position. Das ist ja im Büro nicht anders als daheim. Wer mehr will, hat weniger Macht. Und wer meint, der Müll müsse ganz dringend jetzt geleert werden, hat in der Regel die schlechtere Verhandlungsposition. Manchmal aber bringt man den Müll ja auch nicht des Mülls wegen, sondern um des Friedens willen runter. Also quasi mehr als Beziehungs- denn als Reinigungsmaßahme. Es schadet ja nicht, wenn der Kompost einmal früher rauskommt. Könnten Sie sich vorstellen, dass es in diesem Fall auch Beiträge gibt, die ähnlich gelagert sind? Zu denen Sie gegebenenfalls aus Kollegialität bereit wären? Falls ja, welche wären das? Wie weit könnten Sie mitgehen? Und wo müssten Sie aber sagen, ›Jetzt ists genug!‹, um sich selbst treu zu bleiben?«

»Wer weniger will, hat mehr Macht.« Die Benennung dieser Polarität macht aus dem »Nicht-Wollen« einen aktiven Akt, der verantwortet werden muss. Dies explizit zu machen, kann dazu beitragen, dass sich der weniger wollende Teil des Teams auf die Kollegen zubewegt, denn: »Nichts tun/wollen« wird weniger unschuldig und damit zu einer potenziell unbequemeren Position.

Schließlich sei noch erwähnt, dass das Spiel mit der Macht meist ein Implizites ist. Macht lebt davon, dass sie implizit unterstellt und gewährt wird (»Sie ist halt die Führungskraft«, »Er ist halt schon so lange dabei«). Wer explizit auf Macht setzt und damit Gefolgschaft einfordert, riskiert immer, sie zu verlieren. Die fachlich und im Engagement herausstechende Kollegin mag in Diskussionen, Dienstplanverteilungen, Krisensituationen etc. besondere Berücksichtigung und unausgesprochene Privilegien erfahren. Macht sie jedoch von ihrer Macht expliziten Gebrauch – »Entweder Ursula oder ich« –, riskiert sie, ihre begünstigte Stellung zu verlieren. So bleibt Macht meist im Verborgenen wirksam. Sie ist relevant, weil sie mitbeeinflusst, was in der Beratung besprechbar und gestaltbar wird, und wird dann und meist nur dann thematisiert.

4 Das Team als Verhandlungsarena von Paradoxien

Unsere Gesellschaft lässt sich als funktional differenziert beschreiben (Luhmann, 2021). Vereinfacht heißt dies, dass sich weitgehend voneinander unabhängige Funktionssysteme (Wissenschaft, Bildung, Wirtschaft, Medizin etc.) um Unterschiedliches kümmern und ihre jeweilige Eigenlogik verfolgen. Jedes Funktionssystem orientiert sich an einer sogenannten »Leitunterscheidung«. Das Wirtschaftssystem orientiert sich an Zahlungen, das Bildungssystem an zukünftigen Karrierechancen, die Medizin an der Linderung von Krankheit, die Wissenschaft strebt nach Wahrheit und so weiter. Organisationen stehen nun vor der Herausforderung, nie nur einer dieser Logiken gerecht werden zu können. Ein Krankenhaus kann sich weder rein auf wirtschaftliche Belange noch ausschließlich auf die Medizin konzentrieren. Es muss wirtschaftlich *und* heilend arbeiten (vgl. für eine kritische Auseinandersetzung mit dieser Frage auch Küllenberg u. Schweitzer, 2022). Auch Universitätsklinika können sich nicht allein auf Forschungsinteressen oder Ausbildungsbelange konzentrieren. Organisationen sind in diesem Sinne *polikontextural* (Günther, 1979). Sie sind dann und nur dann nachhaltig erfolgreich, wenn sie die Logiken der unterschiedlichen Funktionssysteme gut unter einen Hut bekommen. In Teams ist das Verhandeln dieser Widersprüche daher Alltag:

Fallbeispiel
Auf einer psychiatrischen Station eines Universitätsklinikums kommt es zu einem Konflikt zwischen der leitenden Oberärztin und dem Stationspsychologen. Erstere rekrutiert wiederkehrend Patientinnen für die aktuell laufenden neurobiologischen Forschungen. Aus Sicht des Psychologen kommt es dabei zu Grenzüberschreitungen (»Die Patienten werden genötigt, mitzumachen – auch wenn sie selbst gar nichts davon haben!«). Aus Sicht der Ärztin werden alle formalen Standards eingehalten, es sei jedoch klar, »dass die Stichproben niemals zusammenkommen, wenn wir nicht aktiv dafür werben, mitzumachen«. In der Supervision arbeiten wir den Wertekonflikt heraus, den die beiden – stellvertretend für die Organisation! – austragen: Was hat im Zweifel Vorrang? Die Patienten oder die Forschung? Wie dezent oder aktiv sollen erstere zur Beteiligung an letzterer eingeladen beziehungsweise aufgefordert werden? Ethische Standards der Rekrutierung sind definiert und lassen dennoch Spielraum, über den sich lange streiten lässt, den es aber letztlich immer wieder gemeinsam zu entscheiden gilt.

Hinzu kommt: Jede in einer Organisation vertretene Fachrichtung ist selbst nicht spannungsfrei. Sparen oder investieren, invasiv oder non-invasiv, besser in schlechter Familie als in gar keiner Familie oder raus aus der Familie?

All das setzt Organisationen unter Spannung, weckt immer wieder aufs Neue Entscheidungsbedarf und, wie wir bereits wissen: Genau dafür sind Organisationen da.

Wer sich also in Organisationen bewegt, sollte mit Spannung und daraus resultierendem Entscheidungsbedarf rechnen. Zur Beschreibung dieser Spannungsfelder hat sich der Begriff der »Paradoxie« etabliert. Damit werden zwei im Widerspruch stehende Logiken gefasst, die, und das erst stellt die Paradoxie scharf, *gleichzeitig* auf Verwirklichung drängen. Dabei ist es unerheblich, ob sich die Pole der Paradoxie formal logisch ausschließen oder pragmatisch, also im Moment praktisch nicht zeitgleich verwirklicht werden können (Watzlawick, Beavin u. Jackson, 2017). Für die Beteiligten macht sich ein Spannungsfeld auf, in dem sie sich bewegen und entscheiden müssen. Dabei gilt: Entscheiden sie sich für links, gehen sie nicht nach rechts, entscheiden sie sich für rechts, geht es eben nicht nach links. Beides gleichzeitig scheint nicht, zumindest nur anteilig und nicht gleichzeitig in größerem Umfang, möglich. Für die beteiligten Individuen ergeben sich aus Paradoxien Gefühle der Ambivalenz. Leiden wir darunter, könnte man hierfür den Begriff des »Dilemmas« heranziehen (vgl. hierzu auch Zwack & Bossmann, 2017).

Paradoxien sind nicht auf Dauer auflösbar. Man kommt aus ihnen nicht raus. Sie müssen immer wieder neu »entfaltet« werden. Für Teams, die unter Zeitdruck, Ressourcenmangel und anderen Stressoren stehen, halten die unauflösbaren Spannungsfelder und Interessenswidersprüche unproduktive Verführungen bereit. Die einen vertreten radikal den einen Pol der Paradoxie, die anderen den anderen. Die Kraft für die Suche nach einem Sowohl-als-auch oder auch nach einem erst A, dann B schwindet. Diese Polarisierungen gehen auf Dauer unweigerlich mit Personalisierungen einher. Alles wäre in Ordnung, wenn Harry es endlich einsehen würde. Und Ursl sowieso. Die Welt wäre dann eine bessere ohne Harry und Ursl, oder wenn sie wenigsten nicht mehr so harry- oder urslhaft wären. Dabei wird übersehen: Alle Beteiligten sind von einer Paradoxie umklammert. Unabhängig davon, wer an Bord ist, muss ihre Spannung aushalten und in eben diesem Spannungsfeld immer wieder gute Entscheidungen treffen. Die Moderation solcher Prozesse profitiert deshalb auch häufig von einer bewussten Entpersonalisierung zugunsten einer Anwaltschaft der einzelnen Protagonistinnen:

B(ERATER): »Wissen Sie, in meiner Denke ist es ganz normal, dass man unterschiedliche Meinungen hat. Ihre Organisation ist sogar darauf angewiesen, dass diese Widersprüche hier immer wieder verhandelt werden. Jeder bringt etwas Wichtiges rein, vertritt einen Wert, ist Anwältin einer wichtigen Sache und für die Organisation ist's dann gut, wenn beide Parteien in der Sache hart verhandeln und eine Einigung für den vorliegenden Fall finden. Wenn Sie Ihr Gegenüber mal für einen Moment so betrachten, als Anwältin einer wichtigen Sache, was wären der Wert, das Bedenkenswerte, das Wichtige, die sie hier mit ins Spiel bringen könnte?«

Um für einen produktiven Umgang mit den organisationalen Spannungsfeldern zu werben, ist das Werte-Entwicklungsquadrat (Schulz von Thun, 2010) ein hilfreiches Tool. Es basiert auf der Grundannahme, dass jeder Wert (jede Tugend, jedes Leitprinzip, jede menschliche Qualität) nur dann seine positive Wirkung entfalten kann, wenn er sich in ausgehaltener Spannung zu einem positiven Gegenwert, einer »Schwestertugend« befindet. Ohne diese Balance verkommt ein Wert zu seiner »entwerteten Übertreibung««. Vergegenwärtigen wir uns das Denken in Wertequadraten am Beispiel der Tugenden Sparsamkeit und Großzügigkeit: So braucht es neben der Sparsamkeit auch Großzügigkeit, um nicht zum Geizhals zu verkommen und umgekehrt bewahrt die Balance mit der Sparsamkeit den Großzügigen vor der Verschwendung (s. Abbildung 4).

Die angestrebte Balance ist dabei ein Prozess, kein statischer Kompromiss (im Sinne von fifty-fifty oder einem anderen fixen Verhältnis). Die Werte kons-

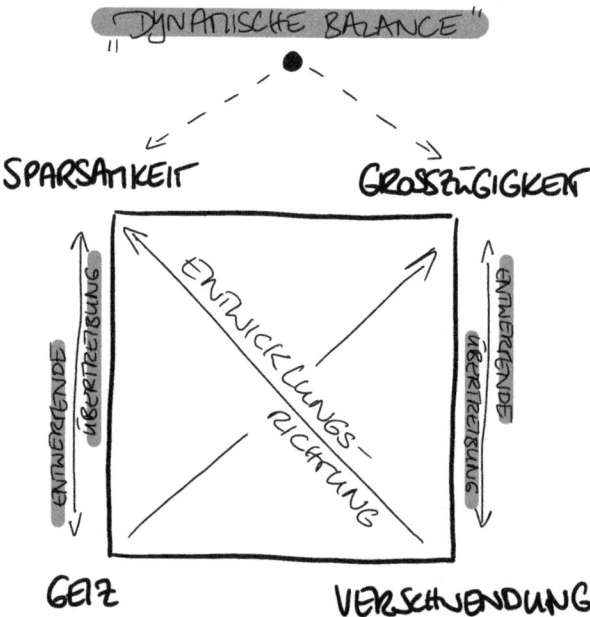

Abbildung 4: Werte-Entwicklungsquadrat nach Schulz von Thun am Beispiel der Tugenden Sparsamkeit und Großzügigkeit

tituieren ein dynamisches Gleichgewicht, das heißt, wichtig ist, dass ich mich grundsätzlich für beide Pole entscheiden kann. Ich darf sparsam sein – und das auch überwiegend. Wenn ich zu besonderen Anlässen großzügig sein kann, muss ich mir den Vorwurf des Geizes nicht gefallen lassen. Jedes Individuum, jedes Paar, jedes Team hat seine Schwerpunkte. Die Entwicklung in Richtung »dynamische Balance« findet sich stets auf den Diagonalen: Wer die Sparsamkeit übertreibt und zum Geizigen wird, dessen Entwicklungspfeil zeigt zur Großzügigkeit. Komplementär empfiehlt es sich für den Verschwenderischen, die Sparsamkeit zu entwickeln. In der Begleitung von Teams können wir Schulz von Thuns Modell nutzen, um Polarisierungstendenzen besprechbar zu machen und im günstigsten Fall rasch wieder zu verlassen:

Fallbeispiel
In einer Strategieklausur blicken die Leitungskräfte gemeinsam auf die letzte Wachstumsphase ihres noch jungen Unternehmens zurück, die vor allem durch Fremdkapital finanziert wurde. Teile des Teams äußern Bedenken, »ob das, was du dir da in deiner Manie zusammengereimt hast, auch wirklich aufgeht«. Der Stich richtet sich gegen die Kollegin, die die Expansion im Wesentlichen vorangetrieben hat. Diese entgegnet humorvoll, jedoch ebenfalls mit einer deutlich wahrnehmbaren Prise Ernst: »Was ist das denn? Entweder wir haben eine Planung, an die wir alle glauben, oder nicht ... Abweichungen vom Plan sind normal, oder meint ihr, wir sollten uns jetzt sofort ins Hemd machen?!« Der Moderator der Klausur fragt, »ob wir mit diesem Austausch an Schmeicheleien bereits dabei sind, ein relevantes Thema für die heutige Klausur zu finden?«. Nachdem dies allseits bejaht wird, bittet er um fünf Minuten für ein Gedankenmodell, erklärt das Werte-Entwicklungsquadrat am Beispiel »Sparsamkeit und Geiz«, schreibt »Manie« neben »Verschwendung« und »ins Hemd machen« neben »Geiz«. Alle lachen. Im Anschluss wird gemeinsam überlegt, welche positiven Werte in der Manie schlummern (»Innovation und Wachstumschancen nutzen«). Der abgestürzte Wert »sich ins Hemd machen« birgt das Potenzial für »Konsolidierung und Prozesse etablieren««.

Das skizzierte Quadrat macht unmittelbar deutlich: Das Team steht vor der Aufgabe, zwei positive Qualitäten verantwortlich zu gewichten. Für die Überlebensfähigkeit des Unternehmens wird es beide Werte brauchen. Wann immer sich die Beteiligten in der Folge zu verhaken drohen, verweist der Moderator auf die positiven Werte, die es zu balancieren gilt: »Wo im Quadrat befinden wir uns gerade? Was hieße es, beiden Qualitäten hier angemessen Rechnung zu tragen?«.

Für die Begleitung von Verhandlungsprozessen in Teams ist es hilfreich zu wissen, dass Paradoxien sich grundsätzlich *sachlich, sozial* und *zeitlich* entfalten und in allen drei Dimensionen bearbeitet werden können (Luhmann, 1984).

Die Paradoxie *sachlich* zu entfalten bedeutet, die Entscheidung in fachlichen Gründen zu verankern. Wenn X der Fall ist, gilt A, und wenn andere Voraussetzungen gegeben sind, B. Wenn die Parteien darum streiten, ob A oder B der richtige Weg ist, kann es sich lohnen, die jeweiligen *Voraussetzungen* zu erkunden: »Wann könnte es gut sein, A und nur A zu verfolgen? Und wann gilt: B ist eindeutig die richtige Lösung?« »Inwiefern würden Sie sagen, die vorliegende Situation ist eine, die A und inwiefern eine, die B entspricht?«

Die soziale Entfaltung der Paradoxie ist darauf fokussiert, dass die Beteiligten sich *gleichzeitig* um Unterschiedliches kümmern können. Eine bringt den Müll raus, der andere wäscht ab. Die einen konfrontieren etwas mehr, die anderen validieren den Patienten und so weiter. Der eine vertritt A, die andere B – beide verstehen sich dabei nicht als Gegner, sondern bedienen wichtige Aspekte der Paradoxie. Auszuhandeln ist, bis wohin diese Aufgabenteilung dienlich ist und an welcher Stelle das gleichzeitige Verfolgen unterschiedlicher Ansätze Abstimmungsbedarf hervorruft.

Die temporale oder *zeitliche Entfaltung* meint, dass beide Pole Berücksichtigung finden können, indem ich erst das eine und dann das andere tue. Zu erfragen ist dann, wie lange es gut wäre, A zu verfolgen und welche inhaltlichen oder zeitlichen Kriterien für ein Umschwenken auf B folgen sollen.

Fallbeispiel
Eine kardiologische Intensivstation fragt um Supervision an. Das Team ist belastet, schnell kristallisiert sich ein Fokus heraus: »Wann dürfen Patienten bei uns auch sterben? Müssen sie um jeden Preis reanimiert werden? Wann war es genug?«, so fragen vor allem Mitglieder des Pflegeteams. »Unser Auftrag ist, das Überleben zu sichern. Es passiert selten, aber immer wieder: Menschen, die wir schon fast aufgegeben haben, kehren ins Leben zurück. Aufgeben ist keine Option«, halten vor allem Vertretende der Ärzteschaft entgegen. Patientenverfügungen und Stellungnahmen der Ethikkommission sollen helfen, aus diesem Spannungsfeld zu entkommen, leider liefern auch sie nicht in jedem Fall die Eindeutigkeit eines Konditionalprogramms (vgl. Kapitel I). In der Supervision thematisieren wir die Grundparadoxie: Die Würde des Lebens zu schützen, kann ab und an heißen, nicht weiterleben zu müssen. Und für einen anderen Menschen zu entscheiden, ob und wann dieser Zeitpunkt gekommen ist, ist schwer. Im Team finden sich alle drei Arten der Paradoxieentfaltung: Fachliche Kriterien für lebensverlängernde Maßnahmen, eine soziale Arbeitsteilung im Sinne einer professionsspezifischen Anwaltschaft für »das Recht auf Weiterleben« beziehungsweise »in Würde sterben dürfen« und Ansätze einer zeitlichen Bearbeitung: »Das versuchen wir in diesem Fall noch, wenn das nicht fruchtet, begleiten wir«.

Trotz all dieser Versuche, die Paradoxie entscheidbar zu machen, wird deutlich: Eindeutigkeit bleibt Utopie. Der Grundwiderspruch wird nie ganz verschwinden, er bleibt dem Team als Aushandlungsaufgabe erhalten. Sich dieser immer wieder neu konstruktiv zu stellen, ist Kerngeschäft des Teams.

Wer mit Teams arbeitet, befindet sich also in einer Verhandlungsarena, die durch grundlegende Paradoxien abgesteckt ist. Das Team selbst zeichnet sich jedoch noch durch eine weitere Paradoxie aus – die zwischen Aufgaben- und Personenorientierung. Zur Entstehung des Teams gehört eine Aufgabe, der es sich verschreibt. Im Verfolgen dieser Aufgabe bildet das Team eine gemeinsame Geschichte aus, feiert miteinander Erfolge und durchsteht schwierige Phasen (vgl. hierzu und zum folgenden Absatz Simon, 2019).

Die Entscheidung über die Zugehörigkeit zur Organisation richtet sich zunächst nach *funktionalen* Kriterien: Leistet das Team, leisten die einzelnen Personen ihren Beitrag zur Aufgabenbewältigung? Auf Dauer wird es jedoch unweigerlich persönlich. Man ist Teil des Teams, das schweißt zusammen. Identifikation und Wir-Gefühl können viel Engagement freisetzen. Man tritt füreinander ein und der Erfolg der anderen ist auch der eigene.

Über die Zeit wird es im Team unweigerlich persönlicher als an anderen Orten in Organisationen. Man kennt sich (oder meint dies zumindest), lernt sich schätzen, wenn es gut läuft, und wünscht sich, auch persönlich geschätzt zu werden. Im Extrem kann eine Pseudokooperation entstehen, in der alle auf die wechselseitigen persönlichen Belange Rücksicht nehmen, eine Art fachlicher Nicht-Angriffspakt im Dienste der individuellen Vorteile und harmonischen Beziehungen. Den Preis zahlt dann die Aufgabe oder zahlen zumindest jene, die sich ihr verschrieben haben. Konflikte über die Frage, welche Privilegien zulässig sind, Gemurmel über Unverschämtheiten beziehungsweise Dinge, »wo man eigentlich mal was machen sollte«, sind die Folge. Die Beziehungsorientierung im Pseudofrieden erntet spätestens dann das, was sie nicht wollte – Beziehungsschwierigkeiten. In diesen Fällen gilt meist: Ist die Aufgabe geklärt und zurück im Fokus, können auch die Beziehungen wieder geklärt werden (vgl. hierzu auch Kapitel VIII).

Die Balancierung von Aufgaben- und Personenorientierung ist eine mitlaufende Aufgabe, der sich jedes Team immer wieder stellen muss. Als Ort der reinen Aufgabenbewältigung verspielt das Team wertvolle Identifikations- und Motivationschancen. Als Ort reiner Personenorientierung wird die Verwaltung der Beziehungen zum Selbstzweck. Daraus folgen Spannungen, die gleichzeitig die Aufgabe als Grundlage der Daseinsberechtigung aufs Spiel setzen.

II Beratung in Teams

1 Unterschiede und Gemeinsamkeiten von Beratung, Supervision und Coaching

»Beratung« ist für uns ein Überbegriff, der unterschiedliche Unterstützungsformate für Klientinnen beheimatet. Zwischenzeitlich ist das Feld so ausdifferenziert, dass man leicht den Überblick verliert. Was genau unter welcher Überschrift zu verstehen ist – auch darüber besteht selten Einigkeit. Daher bewährt es sich, in der Auftragsklärung die Überschriften zu operationalisieren (»Sie sagen, Sie brauchen für Ihre Mannschaft ein Coaching. Der Begriff des Coachings wird ja recht vielfältig verwendet. Welche Vorstellungen verbinden Sie damit?«). Ab und an zeigt sich, dass die Maßnahme »Coaching« heißen muss, weil unter der Überschrift »Supervision« schon schlechte Erfahrungen gemacht wurden (»Welche genau? Was soll sich nicht wiederholen?«). Oder dass der Begriff »Supervision« anschlussfähiger ist als »Konfliktberatung«, weil erstere zur Standardausstattung gehört und die Finanzmittel leichter verfügbar gemacht werden können.

Beratende sollten auch selbst eine Idee davon haben, was sie mit einem bestimmten Begriff verbinden. Nicht um Klienten zu belehren (»Sie wollen gar kein Teamcoaching, Sie wollen Teamentwicklung!«), sondern um auf eine Passung von Überschrift, Setting und Erwartungen zu achten. Exemplarisch seien hier Konflikte zwischen Einzelnen genannt, die im Rahmen einer Großgruppensupervision bearbeitet werden sollen, oder die Anfrage für ein Stressbewältigungstraining zur Verbesserung der Stimmung im Team. Beides kann, muss aber nicht hilfreich sein.

Die Begriffe »Coaching«, »Supervision«, »Teamberatung«, »Teamentwicklung«, »Mediation« etc. lassen sich in vielen Fällen zwar nicht randscharf abgrenzen, jedoch in ihrem Kern unterscheiden. Folgende Tabelle mag als Anregung dienen, das eigene Begriffsraster zu schärfen:

Tabelle 1: Darstellung unterschiedlicher Beratungsformate

Beratungsformat	Fokus	Setting
Coaching	– Unterstützung zu einer konkreten (Lebens-)Herausforderung, professionell oder privat	– Öfter im Einzel-, seltener im Teamsetting – Sehr anlassbezogen, eine Sitzung oder dem Anlass entsprechend mehrere, aber klar begrenzte Termine
Mediation	– Konfliktbearbeitung	– Mehrpersonensetting der Konfliktparteien, Einzelsetting in Vorgesprächen möglich – Klar begrenzte Anzahl der Sitzungen, um Annäherung zu erreichen – Meist vom Arbeitgeber veranlasst
Teamentwicklung	– Ziele, Werte, Rollen, Prozesse, Kommunikation, Zusammenarbeit gestalten	– Gruppe mit möglichst hoher Anwesenheit aller Teammitglieder – Meist punktuell und anlassbezogen; mehrere Reviewtermine möglich und unter Umständen sinnvoll – Veranstaltungen mit Workshop-Charakter (halbe oder ganze Tage)
Fallsupervision	– Beratung der Beratenden in deren Beratung	– Einzelsetting in Ausbildungszusammenhängen und Teamsetting vornehmlich in psychosozialen Branchen (z. B. Jugendhilfe, Gesundheitswesen) – Kontinuierlich, als regelmäßiger nicht-anlassbezogener Reflexionsraum, Zeitrahmen zwischen 1,5 und 3 Stunden
Teamsupervision	– Von der Qualität des Miteinanders bis hin zu Themen der Teamentwicklung	– Im Team, möglichst mit Anwesenheit aller Mitglieder – Anlassbezogen in kontinuierlichem Supervisionssetting oder auch für einzelne Anlässe vereinbart
Organisations-entwicklung	– Anpassung von Organisationsstrukturen zur Steigerung der Antwortfähigkeit auf Umweltherausforderungen	– Meist nur mit Steuerungsgruppe und einzelnen Projektgruppen durchführbar – Großgruppeninterventionen und Arbeitsgruppen – Im Sinne einer Change-Architektur über einen begrenzten Zeitraum – mit Kick-Off und Abschluss

2 Beratung als System

Für Beratung gilt, was auch für Teams und Organisationen gilt. Beratung ist ein soziales System und damit ein Kommunikationssystem. Wie in anderen Kommunikationssystemen auch, bilden sich in der Beratung rasch eigene Spielregeln aus, die der Autopoiesis, das heißt der Aufrechterhaltung des Beratungssystems, dienen. So überlegen Teams in Vorbereitung für die Supervision (»Ist die schon wieder heute, echt?«), was sie denn zum Problem machen könnten, lassen brav die ein oder andere Blitzlichtrunde über sich ergehen und folgen der Dramaturgie, die sich auch schon in der Vergangenheit bewährt hat. In diesem Szenario wird leicht übersehen, dass Beratung ein Ort ist, der auf Veränderung im Heimatsystem der Teammitglieder abzielt. Das Heimatsystem des Teams ist der Kontext, in dem die eigentliche Arbeit angesiedelt ist. Hierzu gehören äußere Rahmenbedingungen, zum Beispiel Zeitdruck oder Ressourcenknappheit, ebenso wie die zu bewältigenden Aufgaben in der gegebenen Besetzung (Schmidt, 2020). Heimat- und Beratungssystem unterscheiden sich dabei grundlegend. In der Supervision bleibt ein großer Teil dessen, was im Alltag Stress und Druck macht, »draußen«. Klingelt das Handy des Hintergrunddienstes andauernd, wird dies in einigen Kulturen zwar toleriert, bleibt aber klar die Ausnahmestörung. Und oft sind es gerade auch die anstrengenderen Kollegen, die der Supervision fernbleiben. Sich die prinzipielle Verschiedenheit

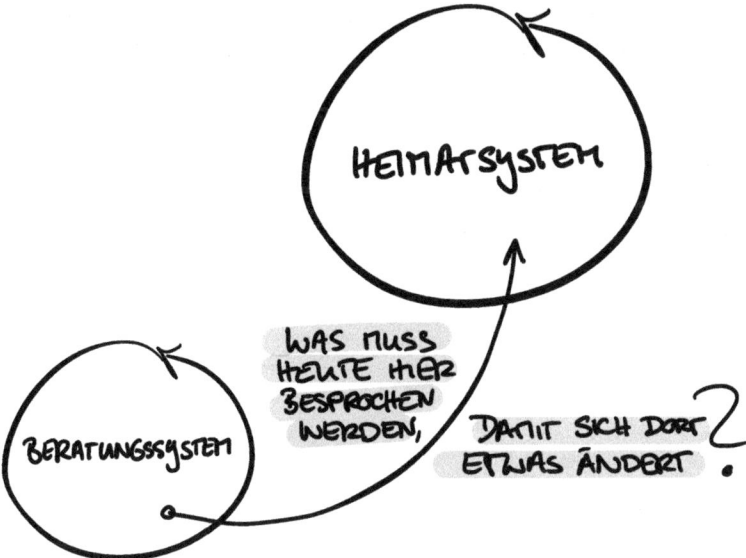

Abbildung 5: Heimat- und Beratungssystem

und Trennung von Beratungs- und Heimatsystem (s. Abbildung 5) bewusst zu machen, ist die Voraussetzung für wirksamen Transfer.

Im Wissen darum, dass Ideen, Entscheidungen und Perspektiven, die im Beratungssystem entwickelt wurden, nicht automatisch im Heimatsystem ankommen, können wir immer neu klären:
- »Was muss *hier* besprochen werden, damit sich *dort* etwas ändert?«
- »Wer muss *hier* dabei sein, damit sich *dort* etwas ändern kann?«
- »Was können wir *hier* tun, um *dort* eine Besserung zu erzielen?«
- »An was müssen Sie sich morgen erinnern, damit das Heute besprochene Relevanz entfaltet?«
- »Wer macht was bis wann? Was gilt es zu vereinbaren, damit wir heute nicht nur drüber geredet haben, sondern die gewünschte Veränderung eine wirkliche Chance bekommt?«

Genauso gut, wenn auch provokanter, lässt sich in die Gegenrichtung blicken:
- »Wie könnten wir sicherstellen, dass nichts von dem, was Sie hier erarbeiten, umgesetzt wird?«

Fallbeispiel
In der Auftaktberatung eines Produktionsteams lädt die Beraterin dazu ein, mithilfe von Holzfiguren zunächst das gesamte Heimatsystem aufzustellen: Wer gehört alles dazu? In welcher Nähe beziehungsweise Distanz stehen die Beteiligten zueinander? Im zweiten Schritt wird räumlich durch ein Seil getrennt das Beratungssystem aufgestellt und sichtbar gemacht: Welche Teammitglieder sind anwesend, wer fehlt beziehungsweise hält im Heimatsystem die Stellung? Auf diese Weise wird die Unterscheidung konstant wachgehalten und mitgedacht: Was würden die Abwesenden im Heimatsystem der bisherigen Beschreibung hinzufügen? Womit wären sie (nicht) einverstanden? Wie laufen die Informationsflüsse zwischen Beratungs- und Heimatsystem im Anschluss an die Beratung?

III Ein kleiner Methodenkoffer für die Arbeit mit Teams

Den Einstieg in das vielfältige Feld der Teamberatung finden viele Beratende über Verfahren, die vorwiegend im Einzel-, Paar- oder Familiensetting beheimatet sind. Die für sie gute Nachricht: Viele ihrer Fragen, Denkfiguren und Interventionsstrategien sind durchaus übertragbar. Zusätzlich bedarf es eines kleinen Methodenkoffers, der die Arbeit mit Gruppen in der Größe von acht bis circa zwanzig Personen erleichtert. Bevor wir uns in Kapitel IV Fragen der Auftragsklärung und Heuristiken der Designentwicklung widmen, führen wir deshalb in bewährte Möglichkeiten der Moderation ein. Wir halten die Darstellung der Methoden dabei bewusst knapp. Wer sich hier bereits auskennt, darf sich auf den folgenden Seiten als Überfliegerin wohlfühlen.

1 Murmelgruppen

Die »Murmelgruppe« bezeichnet die kurze Diskussion einer Frage in Zweier- oder Dreiergruppen. Die Beraterin stellt zu Beginn eine Impulsfrage im Plenum und lässt diese in Kleingruppen kurz (i. d. R. fünf bis zehn Minuten) diskutieren. Im Anschluss erfolgt die Rückmeldung aus den Gruppen. So entsteht im Plenum ein Bild zum Thema. Dabei müssen jedoch nicht alle Gruppen zu ihren Ergebnissen befragt werden. Verfestigt sich das Bild im Plenum, lädt die Beraterin mit der Frage nach abweichenden/ergänzenden Meinungen zur Vervollständigung.

Murmelgruppen haben im Wesentlichen zwei Effekte: Zum einen brechen sie das Eis. In einem ungezwungenen Rahmen kann über ein Thema »fabuliert« werden, ohne dass sich die Diskutierenden ihrer Position allzu sicher sein müssen. Es wird nur gemurmelt und damit darf auch laut gedacht werden. Gleichzeitig erlaubt die Methode auch, kritische Wortbeiträge in einer anonymisierten Form ins Plenum zu bringen. Aus »Ich denke, wir brauchen mehr Führung« wird »In unserer Gruppe haben wir uns gefragt, ob wir an mancher Stelle von mehr Führung profitieren könnten«. Gleichzeitig können durch die Zusammensetzung der Kleingruppen bereits erste Unterschiede gemacht werden. »Tauschen Sie sich mit Ihrer rechten/linken Nachbarin aus« schafft andere Begegnungsräume als die Instruktion »Suchen Sie sich die beiden Personen, zu denen Sie in den letzten Wochen am wenigsten Kontakt hatten« – und die wiederum andere als die Einladung »Suchen Sie sich die Person aus, von der Sie vermuten, dass Sie beide unterschiedlicher Meinung sind«. Unabhängig von der Zusammensetzung wird in der kleinen Murmeleinheit vorab der Raum des Besprechbaren erweitert.

2 Zahnrad oder Speed-Dating

In naher Verwandtschaft zur Murmelgruppe befindet sich das Zahnrad, das auch dem Speed-Dating ähnelt. Hierfür werden ein Innen- und ein Außenkreis gebildet, wobei sich die Teilnehmenden beider Kreise jeweils von Angesicht zu Angesicht gegenüberstehen oder -sitzen. Ihre Aufgabe ist es, eine Frage kurz zu diskutieren. Der dafür zur Verfügung gestellte Zeitraum ist jedoch (noch) knapper bemessen als in der Murmelgruppe, in der Regel nicht mehr als 60–120 Sekunden. Ist diese Zeit vorbei, lässt die Moderatorin das Zahnrad weiterdrehen, das heißt, der Außenkreis macht einen Schritt weiter nach rechts, der Innenkreis bleibt stehen beziehungsweise sitzen.

Gerade beim Start mittelgroßer, einander noch weitgehend unbekannter Gruppen bietet sich das Zahnrad als anwärmende Intervention an. Die Zahl der Kontakte ist gleich zu Beginn hoch, die Kürze der Interaktion entlastet. Die Teilnehmenden haben die Möglichkeit, die Grundhaltungen aller zu einem wichtigen Thema verbal wie nonverbal zu erfassen. Hilfreich ist die Methode auch, wenn es gilt, Feedbackprozesse in überschaubarer Zeit anzustoßen.

Fallbeispiel
In der letzten Supervision des Jahres besteht im zehnköpfigen Team der Wunsch, Rückschau zu halten auf das Geleistete. Wichtig ist neben den äußeren Ereignissen auch das Miteinander im Team. Die Supervisorin lädt zu einem Speeddating im Zahnrad ein: »Sie haben jeweils zwei Minuten Zeit, einander zu sagen, was für Sie im vergangenen Jahr wertvoll und hilfreich war in der Zusammenarbeit, wofür Sie einander Danke sagen möchten. Und auch um auszudrücken, was Sie einander für das kommende Jahr wünschen«. Nachdem alle dieses Blitzfeedback ausgetauscht haben, ist die Raumtemperatur spürbar wärmer.

Der Vorteil der Methode ist auch ihr Nachteil: Tiefenbohrungen sind bei sechzig Sekunden und stetem Wechsel nicht zu erwarten. Wer stark konfliktbeladene

Teams auf diese Weise in den Zwangsaustausch bringen will, wird ebenfalls keine Durchbrüche erzielen. Als ab und an auch konfrontierende Möglichkeit, Kommunikation zwischen *allen* Beteiligten anzuregen, ist die Intervention jedoch äußerst wertvoll.

3 Soziometrien und Positionsskulpturen

Mit Soziometrien und Positionsskulpturen nutzen wir als Beratende den Raum, um für eine jeweilige Frage wesentliche Unterschiede sichtbar zu machen. Während Soziometrien die Frage »Wie stehen wir zueinander?« visualisieren, bilden Positionsskulpturen Standpunkte zu bestimmten Fragestellungen ab (»Wo stehe ich im Hinblick auf …?«). Das Vorgehen ist in beiden Varianten dasselbe. Der Berater definiert im Raum Orte, die als Sammelstelle dienen für all jene, die sich einer bestimmten Position zugehörig fühlen. Im Anschluss diskutieren die nah beieinanderstehenden Teilnehmenden in Kleingruppen kurz (drei bis vier Minuten) ihre Position in Bezug auf das Thema der Skulptur oder eine zusätzliche kleine Fragestellung.

Soziometrien bieten sich für zahlreiche Unterscheidungen an. Ertragreich ist häufig das Aufstellen nach Betriebs- oder Teamzugehörigkeit (damals bis heute). Die Teilnehmenden werden gebeten, sich auf einem imaginierten Zeitstrahl entlang ihres Eintritts ins Team aufzustellen. Durch ein kommentierendes Abschreiten des Raumes markiert die Beraterin die Pole, lädt dazu ein, den gesamten Raum zu nutzen und sich darin zu positionieren (»Hier ist der Ort für alle Gründungsmitglieder und hier … am anderen Ende … hier vorne … ist der Ort für all jene, die gestern erst dazugestoßen sind. Und alle, die dazwischen an Bord gekommen sind, finden ihren Ort im Dazwischen«). Im Anschluss kann zur allgemeinen Orientierung die Skala weiter befragt werden (»Sie stehen hier in welchem Jahr?«). So wird sichergestellt, dass alle Teilnehmenden das gleiche Maß verwenden. Hat jeder seinen Platz gefunden, werden entlang der Skala Murmelgruppen gebildet, die alle die gleiche Impulsfrage diskutieren, zum Beispiel: »Wie war das damals, als Sie dazugekommen sind? Was war damals in Ihrer Organisation/in Ihrem Team wichtig? Worauf hat man Wert gelegt? Was musste man tun, um dazuzugehören?« Im Anschluss werden die einzelnen Gruppen von der Beraterin interviewt. Fallen ihr Muster auf, Unterschiede und Gemeinsamkeiten, fasst sie diese zusammen und lässt die Kommentare durch die Gruppe validieren oder ergänzen. Auf diese Weise lässt sich schnell ein Bild der Teamkultur und ihrer Entwicklung bilden.

Auch die klassische Skalierungsfrage lässt sich mithilfe der Positionsskulptur in die Arbeit mit Gruppen integrieren. Skalieren lassen sich zum Beispiel ein

Stimmungsbild zur Zusammenarbeit, die aktuell empfundene Arbeitsbelastung oder -zufriedenheit, die Wahrscheinlichkeit, in zwei Jahren noch Teil des Teams zu sein, der Optimismus hinsichtlich der Wirksamkeit der Teamberatung und vieles mehr. Hierfür werden die Teilnehmenden gebeten, sich mithilfe einer Skala mit beispielsweise der Einheit von 0 bis 10 oder von − 3 bis + 3 entsprechend ihrer Zufriedenheit im Raum zu verorten. Nach kurzem Austausch in den nach räumlicher Nähe gebildeten Murmelgruppen werden diese durch den Berater kurz und bündig interviewt:»Was hat Sie bewogen, sich hier hinzustellen?« Im zweiten Schritt kann dazu eingeladen werden, auf der Skala im Raum einen Schritt in Richtung »besser« zu machen.»Was wäre anders an dieser Stelle? Und was braucht es, damit dieser Schritt Wirklichkeit wird?« sind klassische Anschlussfragen. Oft zeigt sich, dass sich Ideen hinsichtlich einer Verbesserung der Situation mehr ähneln, als die Unterschiede in der Zufriedenheit vermuten lassen.

Fallbeispiel
In einer Kindertagesstätte wird die Stelle der Gesamtleitung neu ausgeschrieben. Die Einrichtung hat bislang ein basisdemokratisches Selbstverständnis. In der Belegschaft mehren sich die Stimmen, welche sich »mehr Leitung« wünschen. Gleichzeitig wollen viele der »alten Hasen«, dass das, was sie an ihrer Einrichtung für besonders halten, nicht aufgegeben wird. Nach einer kurzen Erwartungsabklärung werden die Teilnehmenden eingeladen, sich auf einer Skala von 0 bis 10 im Raum zu positionieren. Dabei wird die Frage aufgegriffen, wie stark der Führungsimpuls sein soll, den die neue Leitung in die Einrichtung bringen soll. Einige Teammitglieder verorten sich im niedrigen Bereich (1 bis 3) und eine etwa gleich starke Gruppe im höheren (7 bis 9), wenige verorten sich in der Mitte. Der Supervisor teilt die Gruppe in der Mitte der Positionsskulptur in zwei Hälften, die einen identischen Auftrag bekommen: Beide sind eingeladen, eine Stellenbeschreibung für ihre Wunschleitung zu formulieren. Was ist ihnen wichtig und an welcher Stelle erwarten sie was von ihr? Wie soll sie die freiwerdende Stelle füllen? In der Folge stellen sich beide Gruppen ihre Ergebnisse vor und stellen erstaunt fest: In dieser differenzierteren Betrachtung überschneiden sich die Erwartungen zu einem sehr großen Teil. Das Polarisierungspotenzial der Frage »Führung ja oder nein« ist entschärft.

Natürlich können auch mehrpolige Unterscheidungen in Positionsskulpturen genutzt werden. Interessant sind häufig Geografie (Geburtsorte, Wohnorte, Vertriebsgebiete, liebste Reiseziele, ...) und alle Typologien (Lerchen, Eulen und alles dazwischen; unterschiedliche Professionen; Therapieschulen usw.). Sie bieten die Möglichkeit, Unterschiede und Gemeinsamkeiten im Team sichtbar und damit für die jeweilige Frage rasch nutzbar zu machen.

Die Positionsskulptur fordert jede Teilnehmerin dazu auf, Stellung zu beziehen und für die eigene Position Verantwortung zu übernehmen. Damit erlaubt sie auch, Fragen der Priorisierung im weiteren Vorgehen gemeinsam zu beantworten. Hierzu ein letztes Beispiel:

Fallbeispiel
Nachdem im ersten Teil eines Teamworkshops Team und Leitung zusammengearbeitet haben, um aktuelle Herausforderungen zu identifizieren, sollen im zweiten Teil strategische Visionen entwickelt werden. In der Pause beschweren sich insbesondere zwei Teammitglieder lautstark. Die Zukunftsspekulation sei ja reine Zeitverschwendung und man solle doch lieber nach Hause fahren. Bevor wir mit der Agenda fortfahren, wird das Team eingeladen, sich auf einer imaginierten Skala von 0 bis 10 im Raum aufzustellen. 0 markiert »Es macht keinen Sinn, in dieser Konstellation zu dieser Frage weiterzuarbeiten« und 10 bedeutet »Wir können heute noch etwas wirklich Wichtiges erreichen«. Die Skulptur zeigt deutlich, dass der Großteil des Teams von der Sinnhaftigkeit des Weiterarbeitens überzeugt ist. Die Kritikerinnen werden befragt, wie mit den Ergebnissen umgegangen werden muss, damit sie nicht »für die Tonne sind«. So werden sie einerseits eingebunden, erkennen aber auch, dass die leisere Mehrheit eher an einer aktiven Mitarbeit interessiert ist. Mit einem »Wir wollen euch ja nicht bremsen« geht es in der Folge zügig weiter.

4 Fishbowl

Als »Fishbowl« bezeichnet man eine Kleingruppe unter Beobachtung. Hierfür wird ein Teil der Gruppe in einen Stuhlinnenkreis eingeladen. Dieser diskutiert dort die jeweilige Frage, der Außenkreis hört zu, beobachtet die Diskussion und wird von Zeit zu Zeit eingeladen, diese zu kommentieren: Was fällt uns auf? Wie geht es uns mit dem Gehörten? Möglich ist auch, einen Stuhl im Innenkreis für spontane Diskussionsbeiträge freizulassen. Die Beobachtenden aus dem Außenkreis sind dann eingeladen, aufzustehen und den freien Platz einzunehmen, wenn sie den Diskurs ergänzen wollen. Innenkreise können dabei nach unterschiedlichsten Kriterien zusammengestellt werden, zum Beispiel Befürworter und Skeptikerinnen, unterschiedliche Hierarchieebenen und Professionen, erfahrene und neue Kollegen, Teilzeit- vs. Vollzeitbeschäftigte etc.

Mithilfe der *Fishbowl* können auch in Großgruppen differenzierte Klärungsprozesse angeregt werden. Hierfür werden relevante Teilgruppen nacheinander in die Mitte geladen (z. B. homogene Subgruppen wie Führungsebene, verschiedene Professionen oder auch bewusst heterogene Gruppen, um verschiedene Perspektiven gemeinsam abzubilden). Der Beobachtungsauftrag an den Außenkreis stellt sicher, dass alle präsent bleiben und bereitet das gemeinsame Weiterarbeiten im Nachgang vor.

Die *Fishbowl* eröffnet gleich mehrere Möglichkeiten zur Unterbrechung destruktiver Kommunikationsmuster. Die Unterscheidung zwischen Innen- und Außenkreis verlangsamt den Prozess, es wird stärker als sonst zwischen Reden und Zuhören differenziert. Die Beobachtenden können neben Inhalten auch Prozessbeobachtungen beisteuern: Was fällt uns auf in dieser Diskussion? Unterschiedliche Perspektiven finden Gehör und dürfen erst einmal nebeneinanderstehen.

5 Kleingruppenarbeit

Die Kleingruppenarbeit als Moderationsmethode kommt unspektakulär daher. Gleiche oder unterschiedliche Arbeitsaufträge werden in Kleingruppen bearbeitet, anschließend werden die Ergebnisse plenar präsentiert und diskutiert. Einige wenige Punkte sind zu beachten. Für die Gruppengröße gilt als Daumenregel: Bis zu acht Mitglieder können ohne eigene Moderatorin gut zusammenarbeiten. Kriterien für die Zusammensetzung können neben Kompetenz für eine bestimmte Fragestellung auch bewusste Homo- oder Heterogenität hinsichtlich relevanter Unterscheidungen sein. Ab und an macht es auch Sinn, den Zufall entscheiden zu lassen. Die Arbeitsergebnisse der Gruppe werden im Anschluss an die Gruppenarbeitsphase im Plenum präsentiert. Hierfür bieten sich Moderationskarten, Flipcharts oder auch PowerPoint-Templates an. Über die Auswahl des Präsentationsmediums kann die Beraterin auf die spätere Darstellung der Ergebnisse Einfluss nehmen. Besonders wichtig sind oft Instruktionen, die auf Kernprägnanz und Verdichtung der Diskussionsergebnisse zielen (»Sie bekommen jetzt zehn Karten von mir für Ihr Brainstorming – dürfen aber später der Gruppe nur drei präsentieren. Entscheiden Sie also bitte auch: Was sind die für uns relevantesten Ergebnisse, um gut weitermachen zu können?«). Spielerisch können die Ergebnisse auch in Form eines »Elevator Pitchs« zusammengetragen werden. Den Kleingruppen wird hier vorab angekündigt, dass einer von ihnen nach der Arbeitsphase die Chefin oder eine andere für das Unterfangen besonders relevante Person im Fahrstuhl trifft. Innerhalb der Fahrtzeit von beispielsweise drei Minuten muss er das Gegenüber für seine Vorsätze gewinnen. Die spielerische Rahmung lockert auf, während gleichzeitig eine hilfreiche Prägnanz eingefordert wird.

Die Kleingruppenarbeit ist das Verfahren der Wahl, wenn es darum geht, Ergebnisse zu erzeugen. Um den Transfer zwischen Beratungs- und Heimatsystem sicherzustellen, bietet es sich an, noch innerhalb des Workshops Raum zu schaffen für die Planung der nächsten Schritte. Größere Arbeitspakete lassen sich über Arbeitsgruppen aufteilen oder auch sequenziell bearbeiten. Zwischen den Sequenzen können erste Ergebnisse vorgestellt, Feedback eingeholt und Fragen an die Großgruppe gerichtet werden.

6 Votings und Befragungen

Votings erlauben die Priorisierung der diskutierten Themen. Sie geben Antwort auf die Fragen »Womit beschäftigen wir uns (zuerst)? Welche Ideen halten wir für aussichtsreich?«. Votings können digital erfolgen oder analog. Bei zwei bis circa vier Auswahloptionen ist ein Voting beispielsweise gut »zu Fuß« als Positionsskulptur durchführbar. Dies geht schnell und bringt unmittelbar Bewegung ins System (»Stimmen Sie mal kurz mit den Füßen ab«). Nachteil ist, dass die Stimmabgabe nicht anonym erfolgt und eventuell sozial erwünschte Tendenzen entstehen. Ist Anonymität wichtig, können die Antworten der Teilnehmenden als »Briefwahl« eingesammelt und anschließend ausgezählt werden. Digitale Angebote haben hier ihre Stärke. Wenn die Vollständigkeit der Stimmabgabe wichtig ist, empfiehlt es sich dennoch, eine analoge Alternative bereitzuhalten, da der Zugang auch bei den einfachsten digitalen Lösungen meist für irgendwen erschwert ist.

Jenseits von Priorisierungen und Tendenzen lassen sich auch differenzierte Stimmungsbilder erfragen. Insbesondere bei Großteams erleben wir es als nützlich, Lageeinschätzungen zum Ist-Zustand durch anlassfokussierte Kurzfragebögen repräsentativ abzubilden. Im Folgenden ein Bespiel für ein Team, das in der Beratung seine Besprechungen unter die Lupe nehmen will:

Item	stimme voll zu	stimme teilweise zu	stimme nicht zu
In unseren Besprechungen ist Raum, die für meine Arbeit wesentlichen Dinge anzusprechen.			
Ich bekomme auf meine Fragen Antworten bzw. auf meine Gedanken eine Resonanz.			
Alle Beteiligten kommen angemessen zu Wort.			

Item	stimme voll zu	stimme teilweise zu	stimme nicht zu
Das, was wir besprechen, hat außerhalb der Besprechung auch Gültigkeit.			
Das Verhältnis aus investierter Zeit und inhaltlichem Ertrag ist stimmig.			
Was ich sonst noch sagen will …			

Votings und Befragungen führen zu einer Quantifizierung von Erleben. Zahlen wird dabei oft ein »Realitätskredit« eingeräumt, sie sind ein besonders wirksamer »Aufmerksamkeitsfänger« (Luhmann, 2017, S. 43). Was sich in Zahlen ausdrücken lässt, wird weniger als subjektive Meinung, sondern mehr als objektives Faktum eingeordnet. Dass »75 % des Teams der Meinung sind, die Besprechungen laufen ineffektiv«, hat daher meist ein größeres Gewicht als eine unzufriedene Eingangsrunde zum selben Thema. Umgekehrt dient eine Ergebnisbefragung à la »87 % finden, die Kommunikation hat sich verbessert« meist als validerer Nutzennachweis. Quantitative Befragungen können so bewusst eingesetzt werden, um weichen Themen soziales Gewicht und Anschlussfähigkeit zu verleihen. Gleichzeitig wird auch mit dieser Art der Komplexitätsreduktion ein hochselektives Bild der »Realität« gezeichnet – dessen sollte sich die Beraterin bewusst sein.

7 Themen-Café (in Anlehnung an das World-Café)

Im Themen-Café werden unterschiedliche Fragen in Teilgruppen bearbeitet. Hierfür werden im Raum mehrere Stationen mit Tischen, Flipcharts oder Metaplanwänden vorbereitet. An jeder Station wird eine Frage oder ein Thema bearbeitet. Für jedes Thema wird eine Gastgeberin festgelegt. Diese verbleibt während des gesamten Prozesses an der Station. Zum Start verteilen sich die Teilnehmenden nach Interesse auf die unterschiedlichen Stationen. Die Ideen, Erkenntnisse und Ergebnisse der Kleingruppen werden notiert. Nach einer vorher festgelegten Zeit, meist zwischen zehn und dreißig Minuten, wandern die Gruppen jeweils eine Station weiter. Dort werden sie von der jeweiligen Gastgeberin willkommen geheißen und in den bisherigen Diskussionsstand eingeführt. So werden die vorausgegangenen Ergebnisse durch neue Perspektiven angereichert. Fragen, die die vorherige Gruppe aufgeworfen hat, können weitergeführt werden. Wurde jedes Thema durch jede Kleingruppe bearbeitet, können die Ergebnisse durch die Gastgeberinnen im Plenum vorgestellt werden. Alternativ wandert die Großgruppe noch ein letztes Mal gemeinsam von Station zu Station und sichtet die »Ergebnisgalerie«. In diesem Durchgang kann sich eine Priorisierung von Themen und Ergebnissen durch die Teilnehmenden mithilfe von Klebepunkten anbieten, die sie auf der jeweiligen Themen- oder Ergebnisübersicht anbringen.

Qualität und weitere Verwertbarkeit der Ergebnisse hängen wesentlich von der Präzision der Fragen ab, die die Diskussion an den einzelnen Stationen leiten. Auch die Funktion der Gastgeber ist nicht zu unterschätzen. Ist die Frage klar und die Ergebnisdokumentation an der Station gut vorbereitet, werden diese entlastet, es kann sogar ohne sie gearbeitet werden. Durch die Arbeit in kleinen Gruppen entsteht eine hohe Interaktionsdichte. Gleichzeitig werden alle Teilnehmenden als wertvolle Wissens- und Erfahrungstragende einbezogen.

Fallbeispiel
Im Gesellschafterkreis eines Familienunternehmens regen die Jüngeren an, das Leitbild einer Revision zu unterziehen. Sie waren bei der ursprünglichen Formulierung nicht dabei und sehen Änderungs- und Ergänzungsbedarf. Die älteren Mitglieder sind dazu bereit, werfen aber ein, dass sich ein Leitbild möglichst nicht an der Mode, sondern an überdauernden Werten zu orientieren hat. Mit Vielem, was bisher formuliert wurde, sei man nach wie vor sehr zufrieden und wolle deshalb nicht bei »Adam und Eva anfangen«. Der Workshop beginnt mit einem kleinen Spaziergang in generationenübergreifenden Dreiergruppen. Diese gehen der Frage nach, an welchen Stellen sie sich über das Unternehmen gefreut oder geärgert haben, stolz waren, Teil dessen zu sein, oder sich dafür geschämt haben. Im Nachgang zur Reflexion dieser emotionalen Anlässe spekulieren die Teilnehmenden wechselseitig über ihre dahinterliegenden Motive: Welche Werte sind dem Gegenüber vermutlich wichtig?

Nach zirka dreißig Minuten dieser gegenseitigen Suchbewegung kommen die Gruppen in den Tagungsraum zurück. Die zehn Absätze des kommentierten Leitbildes sind auf Metaplanwänden für einen Rundgang durch den Raum ausgedruckt. Eine leere elfte Metaplanwand – für das bislang noch nicht Bedachte – ergänzt die bisherigen Kapitel. Die Gruppen werden eingeladen, die einzelnen Abschnitte des Leitbildes zu durchwandern und mit ihren Emotions-Geschichten abzugleichen. Mit jeweils farblich unterschiedlichen Moderationskarten drücken sie Zustimmung aus (grün) und markieren, was gestrichen, ergänzt oder geändert werden sollte (rot). In einem abschließenden Rundgang aller werden diese Aspekte zu einem gemeinsamen Verständnis zusammengefasst und in einem Protokoll festgehalten. Ein anschließend gewähltes Redaktionsteam übernimmt die Aufgabe, bis zur nächsten Versammlung auf dieser

Basis einen neuen Formulierungsvorschlag zu unterbreiten. In der Abstimmung zwischen Redaktionsteam und Gesamtkreis findet das Leitbild so eine für alle Seiten befriedigende Aktualisierung.

8 Sketche

Sketche leben von ihrer Übertreibung! Genau dazu werden die Mitglieder der Kleingruppen eingeladen, wenn sie den Auftrag erhalten, zu einem Thema einen oder zwei Sketche zu erarbeiten. Diese werden im Anschluss im Plenum »auf die Bühne« gebracht. Die Einladung, Sketche zu entwickeln, löst im ersten Moment oft Ängste und Zurückhaltung aus. Bei entsprechend entschlossener Moderation wecken Sketche jedoch nach kurzer Zeit die Freude am Spiel. Sketche leben von ihrer Kürze (»Nicht länger als drei Minuten!«), es wird kein größeres Epos erwartet. Inhaltlich eignen sie sich besonders für Fragen des Miteinanders. So können Mitglieder von Teilteams oder Berufsgruppen in Sketchen darstellen, wo sie die Zusammenarbeit als unnötig schwer erleben oder auch, wie sie sich eine wünschenswerte Zukunft vorstellen. Während die Teilnehmenden in Kleingruppen die Sketche erarbeiten, wird der Plenarraum zum Theater umgebaut. Hierfür bietet es sich an, von der üblichen Kreis- auf Theaterbestuhlung umzustellen. Ist die Zeit für die Erarbeitung der Sketche vorbei, heißt es »Bühne frei!«. Das Auditorium wird eingeladen, darauf zu achten, welche Darstellungen es als besonders relevant empfindet und welche Muster gruppenübergreifend deutlich werden. Ist die Vorstellung vorbei, werden die beobachteten Themen durch die Beraterin eingeholt und am Flipchart festgehalten. Die Auflistung kann selbstverständlich durch Themen ergänzt werden, die nicht ihren Weg in die Sketche gefunden haben. Im Anschluss entscheidet die Gruppe, woran sie weiterarbeiten möchte.

Fallbeispiel

In der Teamentwicklungsmaßnahme einer kleinen Beratungsgesellschaft werden die Teammitglieder eingeladen, in vier Gruppen einen Sketch zu erarbeiten. Die Überschrift lautet: »Was das Team in fünf Jahren mit stolz geschwellter Brust dem Inhaber, der gerade dabei ist, sich zur Ruhe zu setzen, auf einem Grillfest erzählen wird«. Der Berater eröffnet den Spiel-Raum: »Stellen Sie sich vor, der Duft von Tofu-Würstchen durchzieht die Luft und Sie begegnen Herrn A. am Grill. Was werden Sie ihm mit stolzer Stimme berichten, was Sie wie erreicht haben werden?« Neben den atmosphärischen Vorteilen lassen sich in Sketchen spielerisch Rahmenbedingungen mitdenken. Hier ist allen klar, dass Herr A. sich vor allem für wirtschaftliche Ergebnisse interessiert. Dies spiegelt sich folglich auch in allen Sketchen. Zwischenmenschliche Aspekte im Umgang miteinander finden jedoch ebenso ihren Weg in den Raum. Nach den vier erheiternden Darbietungen lädt der Berater die Gruppe zur Versachlichung ein: »Welche Ziele tauchen hier immer wieder auf? Was zieht sich durch? Worin sind sich alle einig?« Es entsteht ein Zielbild, das bereits zum jetzigen Zeitpunkt von vielen getragen ist und in der Folge noch ergänzt wird.

Der wesentliche Vorteil dieser Methode liegt darin, dass die Bearbeitung von schwierigen, nervigen, immer noch nicht abgestellten Themen lustvoll erfolgen kann. Ein Sketch unterstellt immer auch die Fähigkeit zur humorvollen Auseinandersetzung mit sich selbst. Dadurch, dass die Teilnehmenden explizit zur Übertreibung aufgerufen werden, werden sie mutiger in der pointierten Problemdarstellung. Denjenigen, denen der Spiegel auf diese Weise vorgehalten wird, bleibt jedoch der Trost, dass es sich um eine Übertreibung handelt. Häufig beschreiben Teams das Ergebnis als ein Lachen, das einem auch im Halse stecken bleibt und Betroffenheit erzeugt. Der Sketch über das taktische, verständlicherweise selbstoptimierte Vertrösten einer Kollegin in Not ist dabei wirkmächtiger als ein beschriebenes Flipchart, das zu einem respektvollen Umgang aufruft. Es entstehen Bilder, die aufgrund ihrer ungewöhnlichen Form in Erinnerung bleiben. Das im Sketch karikierte Verhalten kann nicht mehr in derselben Unschuld fortgesetzt werden. Oft reicht ein kurzes Zitat aus einem Sketch, um im Alltag allen Beteiligten zu vergegenwärtigen, wo man sich befindet.

9 Simulationen

Simulationen sind Rollenspiele, in denen als schwierig beschriebene Situationen oder deren Veränderung miteinander durchgespielt werden. Sie zielen darauf ab, die Situation in ihrer Abfolge möglichst realitätsnah lebendig werden zu lassen, um Lösungen zu entwickeln oder das Entlastungspotenzial einer erarbeiteten Lösung zu testen. Hierfür werden die Teammitglieder eingeladen, sich in die für die Situation relevanten Rollen zu begeben. Dabei kann es sich um Personen wie Teammitglieder, Vorgesetzte, Kundinnen oder andere Stakeholder handeln. Auch für die Situation bedeutende Objekte oder Sachverhalte lassen sich als Rolle beschreiben. Die wiederkehrende Beschwerde der Kundinnen, die unbezahlten Rechnungen, die Aktivitäten der Konkurrenz werden oft zur Erheiterung aller verkörpert und in ihren Auswirkungen auf den Ablauf erfahrbar. Alles, was den Ablauf in der Realität erschwert, stört, behindert, wird gesucht, um es dann »live« anpassen zu können. Die Szene wird umgeschrieben, gegebenenfalls werden neue Rollen hinzugefügt und von Anfang an wiederholt. Und: Action!

Fallbeispiel
Einer Station steht der Umzug bevor. Die Patienten müssen künftig in Teilen auf der »alten Station« weiter ihre Therapien aufsuchen, in Teilen aber auch schon auf der »neuen Station«. Übernachten werden sie im »Bettenhaus«. Das Essen nehmen sie übergangsweise auf der »Nachbarstation« ein und Musik- und Kunsttherapie wird auch in Zukunft im Gebäude der Fachtherapeuten wahrgenommen. So hat sich das die pflegerische und ärztliche Hausleitung für den Übergang vorgestellt. Das Team muss dies umsetzen und ist sich nicht klar, wie das konkret aussehen kann. Der Supervisor vergibt die Rollen im Team: Fachtherapeuten, Psychologinnen, Ärzte, Pflege, Patientinnen. In der Folge beginnt der Tag, indem der morgige Schichtbeginn angesagt wird (»Es ist 6.30 Uhr«). In Schritten à dreißig Minuten wird der Tagesverlauf simuliert. Sehr schnell wird so deutlich, an welcher Stelle nachgebessert werden muss (»Hier fehlt jemand von der Pflege«, »Bis ich jetzt bei meiner Psychologin bin, ist die Sitzung rum«). Diese Punkte werden auf einem Flipchart festgehalten und hierfür Lösungen erarbeitet, bevor es final noch einmal zu einem Durchlauf als letzten »Konzept-Stress-Test« kommt.

Diese Auflistung an Moderationsmethoden beansprucht in keiner Weise Vollständigkeit. Viele hier nicht erwähnte Moderationsmethoden setzen sich jedoch aus Elementen dieser grundlegenden Techniken zusammen. In der kreativen Variation dieses Werkzeugkoffers sehen wir uns daher für die allermeisten Situationen gut gerüstet.

IV Wege zum Ziel – von der Auftragsklärung zum Moderationsdesign

1 Auftragsklärung als Beziehungsangebot oder: Betroffene in Verantwortung bringen

Die Auftragsklärung ist die Grundlage jedes systemischen Beratungsformats. Die nachfolgende Übersicht zu den »vier As der Auftragsklärung« stellt die gängigen Fragen zusammen, die in ähnlicher Form auch in Coaching, Therapie und weiteren Beratungsformaten Anwendung finden. Beraterin und Klienten finden so gemeinsam heraus: Wer will was von wem, wann, wie viel und vor allem wozu?

In der Teamberatung haben die Antworten auf diese Fragen immer Relevanz für mehrere. Handlungsleitend für die Beraterin ist die Haltung der Neutralität und Allparteilichkeit (von Schlippe u. Schweitzer, 2016; Levold u. Wirsching, 2021). Praktisch heißt dies, nicht nur mit der Führungskraft, sondern auch mit den Teammitgliedern Anlass, Anliegen und Auftrag zu klären und Veränderung nicht stets für besser als Nicht-Veränderung zu halten.

Die Auftragsklärung kann je nach Anlass unterschiedlich umfangreich und systematisch ausfallen. Während die Aufträge in einer regelhaften Team- und Fallsupervision im Rahmen der Eingangsrunde meist kompakt erfragt werden (»Wofür wollen Sie die Zeit heute nutzen? Was wäre gut zu besprechen – und womit würden Sie bestenfalls gerne rausgehen?«), bieten sich in Vorbereitung von anlassbezogenen Teamworkshops oder Konfliktmoderationen, aber auch im Vorfeld der Etablierung von Teamsupervisionen mit größeren Teams kaskadenförmige Klärungsformate entlang der Hierarchie an.

Hierzu werden im Vorfeld der Beratung Einzelinterviews zu Anlass und Ziel der Beratung geführt. Je nach Teamgröße und Konfliktträchtigkeit des Beratungsanlasses kann mit allen das Gespräch vorab gesucht werden oder mit ausgewählten, möglichst repräsentativen Vertretenden. Letztere werden von der Leitung und/oder vom Team bestimmt mit dem Ziel, die fachliche, motivationale und strukturelle Heterogenität im Team gut abzubilden (z. B. skeptische, optimistische, langjährige und neue Mitarbeitende; Vertretende unterschiedlicher Professionen).

Allparteilichkeit in der Selektion der vorbereitenden Gesprächspartner ist ein nicht zu unterschätzendes Signal an das jeweilige Team. Es wird deutlich, dass im weiteren Prozess die unterschiedlichen Perspektiven gehört werden und zusammenfinden sollen. Wird nur die Chefin in der Auftragsklärung berücksichtigt, riskiert der Berater unweigerlich, als deren Erfüllungsgehilfe wahrgenommen zu werden. Explizite Ablehnung der Intervention oder zumindest spürbar reservierte Voreingenommenheit wären die Folge. Umgekehrt kann durch Sorgfalt in der Auftragsklärung frühzeitig auf die Passung von Setting (Wer kommt wie lange/häufig zusammen?) und Zielsetzung (Wozu machen wir das?) geachtet werden.

Die Anliegen des Teams und die der Führungskräfte können, müssen sich aber nicht decken. Selbst dort, wo vordergründig alle ähnliche Anliegen verfolgen, lohnt es sich, zu überprüfen, ob alle auch dasselbe meinen: »Wenn Sie sagen, das Team muss an seiner Kommunikation arbeiten, was genau verbinden Sie damit? Und woran würden Sie selbst als Teammitglieder erkennen, dass sich die Kommunikation verbessert?« Gehen die Anliegen explizit auseinander, ist es wichtig, als Beraterin eine moderierende Rolle einzunehmen und frühzeitig Transparenz herzustellen. Hierzu werden in Anwesenheit von Team und Führungskraft die unterschiedlichen Ziele und Prioritäten formuliert, operationalisiert und in eine Entscheidung überführt.

Fallbeispiel
Die Führungskraft eines Teams in der stationären Jugendhilfe wünscht sich vom angedachten Supervisionsprozess für ihr Team »mehr Flexibilität und Bereitschaft, auch mit Klienten zu arbeiten, für die die Wohngruppe ursprünglich nicht konzipiert wurde«. Es sei zwar klar, dass die Gruppe ursprünglich für ältere Jugendliche ausgerichtet sei, nun gebe es aber verstärkt Nachfrage für kleine Kinder, die »eben auch bedient werden muss.« In der Vorabklärung mit den Teammitgliedern zeigt sich ein genau gegenläufiges Bild. Man wünscht sich von der Supervision, dass »die Leitung auch mal Grenzen aufzeigt und wir nicht mehr jeden nehmen. Wir sind am Ende unserer Belastbarkeit«. Bevor die Supervision sinnvoll beginnen kann, müssen die konträren Zielsetzungen unter den Beteiligten ausgehandelt werden. In einer gemeinsamen Sitzung fasst der Supervisor die jeweiligen Anliegen zusammen (»Habe ich Sie richtig verstanden, für Sie wäre diese Supervision hilfreich gewesen, wenn ...«). Über zirkuläre Fragen (»Was hören Sie, wenn Ihre Leitung von mehr Flexibilität spricht?«, »Was denken Sie als Leitung, welche Grenzen wünscht sich das Team genau?«) werden die konträren Wünsche konkretisiert und die Pattsituation zurückgespiegelt. Die Leitung wird dabei unterstützt, die Grenzen des

Verhandelbaren klar zu benennen (»Welchen Spielraum gibt es, welchen nicht?«). Es wird anerkannt, dass sich bestimmte Hoffnungen des Teams nicht einlösen werden, jedoch an der ein oder anderen Stelle ein Entgegenkommen möglich ist. Auf dieser Grundlage wird die Frage nach dem Supervisionsauftrag neu gestellt: »Was können wir im Angesicht dieser Ausgangslage hier sinnvollerweise miteinander tun?« In der Folge geht es um den gemeinsamen Umgang mit als besonders schwierig erlebten Bewohnerinnen und die Erarbeitung von »roten Linien« in der Betreuung (»Woran merken wir, dass wir definitiv die falsche Einrichtung sind bzw. wann trennen wir uns von Bewohnern?«).

Diese Form der kaskadenförmigen Auftragsklärung (von der Führungskraft zum Team und wieder zurück bzw. in die Vergemeinschaftung) ist von zentraler Bedeutung für eine realistische Erwartungsbildung. Welche Themen sollen in der Beratung Vorrang haben, welche Ziele erreicht werden? Diese Entscheidung muss ausgehandelt, aber in hierarchischen Systemen letztlich immer auch durch die Führung erklärt und vertreten werden (Zwack, Zwack u. Schweitzer, 2007).

Die vier As der Auftragsklärung[2]

Anlass: Was führt Sie her?
- Was führt Sie hierher, welchen Auslöser gab es, was war der aktuelle Anlass?
- Warum gerade jetzt? Bzw. bei Wiederaufnahme: warum wieder? Was wäre anders, wenn Sie erst in einem halben Jahr kommen würden?

Anliegen: Was möchten Sie hier erreichen?
- Was soll hier heute geschehen?
- Was soll am Ende unseres Beratungsprozesses stehen? Was wäre ein gutes Ergebnis?
- Was soll am Ende unserer Zusammenarbeit herausgekommen sein, so dass Sie sagen können: Es hat sich gelohnt?
- Bei einem problembezogenen Anliegen: Was haben Sie bisher unternommen, um das Problem zu lösen? Was war das Ergebnis? Gab es Ausnahmezeiten, zu denen das Problem seltener, weniger stark, gar nicht auftrat? Was war in der Ausnahmezeit anders? Was sind Ihre aktuellen Ideen? Was muss jetzt passieren, damit es für Sie besser wird?

---

2 Nach von Schlippe und Schweitzer, 2016.

Auftrag: Was wollen Sie von mir?
- Was genau erhoffen Sie sich dabei von mir?
- Womit würde ich Sie enttäuschen?
- Gibt es bereits gute oder nicht so gute Vorerfahrungen mit Beratung? Was sollte ich wiederholen oder vermeiden?
- Gibt es sonst noch Personen, die ein Anliegen für den Beratungsprozess haben? Was wünschen die sich? Möchten Sie das auch?

Abmachung/Kontrakt: Was biete ich an?
- Das habe ich verstanden [zusammenfassen]: ...
- Wertschätzung aller Anliegen: Jeder hat ein gutes Motiv!
- Kooperationsbasis finden über
  - Passung und Abgrenzung: Das kann ich mit meinen Mitteln bieten ... in der Form ... Ich kann nicht ...
  - Angebot: Das kann ich Ihnen anbieten: ...
- Gestaltung des äußeren Rahmens (vorläufige Sitzungsanzahl, Ort, Geld usw.)

(Zwischen-)Bilanz: Wo stehen wir jetzt? Wie fangen wir an?
- Wie war das Gespräch heute für Sie?
- Mal angenommen, es gab etwas, für das es sich gelohnt hat zu kommen, was wäre das?
- Was wünschen Sie sich in Zukunft mehr, was weniger, was anders von der Beratung?
- Gibt es etwas, über das wir aus unerfindlichen Gründen bislang noch nicht gesprochen haben, dies aber hätten tun sollen?

Über die sorgfältige Auftragsklärung wird jedes Teammitglied von Anfang an aufgefordert, Verantwortung für den Beratungsprozess zu übernehmen (»Was bräuchte es, damit *Sie* sagen können, dieses Treffen hat sich für uns gelohnt?«). Das Einnehmen einer passiven, im Extremfall auch passiv-aggressiven, zynischen Zuschauerrolle (»Hocken wir mal wieder zusammen und essen Kekse«) im Supervisionsprozess wird so nicht unmöglich, aber freundlich erschwert.

Neben der grundsätzlichen Auftragsklärung zu Beginn eines Beratungs-/Supervisionsprozesses bildet auch die Klärung von Anlass und Anliegen den Auftakt fast aller Zusammenkünfte. Auch im Prozess können sich dabei herausfordernde Konstellationen ergeben. Drei besonders häufige seien exemplarisch illustriert.

»Ergebnisverantwortliche steigen aus – oder gar nicht erst in die Beratung ein«

Fallbeispiel

In einem Konzern bittet der Bereichsleiter für die anstehende Teamklausur mit seinen Abteilungsleitungen um Unterstützung. Traditionell würden auf diesen Klausuren Schwierigkeiten in der Zusammenarbeit zwischen den Abteilungen thematisiert und dafür Lösungen entwickelt. Dieses Mal sei die Klausur besonders relevant, da viele der Dienstleistungen der Abteilungen umfassend digitalisiert werden sollen. Einer der Abteilungsleiter sei explizit für die Digitalisierung verantwortlich, gelingen könne dies jedoch nur in Zusammenarbeit mit den anderen Abteilungsleitenden, die ihr jeweiliges Fachgebiet vertreten.

Im Vorgespräch werden Interviews mit allen Abteilungsleitungen vereinbart. »Welchen Beitrag kann der Klausurtag für die anstehenden Herausforderungen leisten?«, lautet die Kernfrage. Die Gespräche mit den Abteilungsleitern laufen an. Die ersten Situationsbeschreibungen passen gut zu den Wahrnehmungen des Chefs. Das Telefonat mit dem Verantwortlichen für die Digitalisierung beginnt holprig. Direkt nach der Begrüßung lässt dieser wissen: »Ich möchte mit Ihnen eigentlich gar nicht reden«. Derlei Veranstaltungen seien »reine Zeitverschwendung«. Auf die Frage, worin er die Zeitverschwendung sehe, Ziel des Anrufs sei es ja unter anderem, dass sich eben diese Erfahrungen nicht wiederholen, wird er laut: »Fangen Sie nicht schon wieder an! Ich möchte nicht mit Ihnen reden!« Mit der zwangsläufigen Anerkennung dieses Wunsches findet das Telefonat sein schnelles Ende.

Sicher gibt es nachvollziehbare Gründe auf Seiten des Abteilungsleiters, sich dem Gespräch zu entziehen. Für den Beratungsprozess bedeutet dies jedoch auch: Ein wesentlicher Stakeholder innerhalb des Beratungssystems geht nicht in die Verantwortung. Die Chance auf Wirksamkeit ist damit bereits vor Beginn vertan. Das zentrale Thema kann ohne die Beteiligung aller Akteure nicht fruchtbar bearbeitet werden. Im anschließenden Feedbackgespräch mit der Bereichsleitung wird diese neutral über den Sachverhalt informiert. Es wird empfohlen, den für die Digitalisierung verantwortlichen Abteilungsleiter mit der Durchführung und Organisation der Klausur zu beauftragen und auf eine externe Moderation beziehungsweise Beratung gänzlich zu verzichten. Ohne ihn sei das Thema nicht zu bearbeiten, was bedeutet, dass allein ein Setting wirkungsvoll sein kann, in dem er selbst in die Verantwortung geht. Der Bereichsleiter argumentiert zunächst dagegen und wünscht sich weiterhin eine Begleitung. Diesem Wunsch und auch dem einer Abteilungsleiterin, die im Nachgang davon hört und nochmals auf den Supervisor zugeht, wird nicht entsprochen. Ein halbes Jahr später kommt eine E-Mail in anderer Sache vom Bereichsleiter. Er schreibt: »Ich denke, die damalige Intervention – uns in die Verantwortung zu bringen – war richtig und ich war mit der Klausur und dem Ergebnis durchaus zufrieden«.

Die Grenzen unserer Wirksamkeit als Beratende liegen immer auch in der Kooperationsbereitschaft der Beteiligten. Settingfragen sind dabei ein besonders wichtiger Lackmustest für die Investitionsbereitschaft in das Beratungssystem. Menschen zusammenzubringen, die sich ansonsten aus dem Weg gehen beziehungsweise sich keine Zeit für Klärungsprozesse nehmen, kann sogar die bedeutsamste Intervention überhaupt sein (Scala u. Grossmann, 2002). Besteht hier keine Bereitschaft zur Mitwirkung (»Die Teamleitung hat keine Zeit, das sollen die Kollegen erst mal unter sich klären«), hat dies gute Gründe. Es gilt, sie neugierig zu erfragen und zu prüfen, ob verfügbares Setting und Ziel der Beratung noch stimmig zueinander sind. Ist – wie im obigen Beispiel – die Bereitschaft zur Investition in diesem Setting (!) nicht gegeben, hat auch das gute Gründe. Beratung kann laufende Machtkämpfe und Verhandlungen im Team stören, Kommunikation unnötig verlangsamen, Mitsprache suggerieren, wo bereits entschieden ist und vieles mehr. Als Beratende bleiben wir jedoch verantwortlich dafür, die Voraussetzungen für die Wirksamkeit unseres Prozesses einzufordern. Sind sie nicht erfüllt, ist die Nicht-Annahme des Beratungsauftrags Teil professionellen Handelns.

»Alles schweigt, einsam wacht ...« – Was tun, wenn es keine Anliegen gibt?

In der Eingangsrunde einer Jugendamtssupervision lädt die Supervisorin zu einer kurzen Runde, in der die Mitarbeitenden ihr Befinden und die zu besprechenden Anliegen formulieren. Schnell zeigt sich: Alle haben viel zu tun, es geht ihnen »soweit ganz gut« und »Fälle gibt es derzeit nicht«. Die Supervisorin äußert wertschätzendes Staunen: »Wie schaffen Sie das, bei so hoher Falllast und so schweren Fällen, ›keinen Fall‹ zu haben?«
    Die angedeutete Vignette steht stellvertretend für eine Dynamik, in der der offizielle Auftrag, zum Beispiel Fallbesprechung, in Ermangelung entsprechender Selbstoffenbarung nicht sinnvoll bearbeitet werden kann. Anders als im obigen Beispiel geht es dabei weniger um ein explizites »Nein« zur eigentlichen Zusammenkunft, sondern mehr um ein Zögern, eine Vorsicht, die den Kommunikationsraum begrenzt. Häufig bewährt sich, die Zurückhaltung ergebnisoffen zu erkunden, zum Beispiel mithilfe von Multiple-Choice-Fragen: »Ich frage mich, was Sie genau damit meinen, wenn Sie sagen: ›Ich habe derzeit keinen Fall‹. Heißt das, ich habe zwar Fälle, bin aber derzeit nirgendwo völlig ratlos? Heißt es, ich habe Fälle, aber ich glaube nicht, dass wir hier hilfreich darüber reden können? Heißt es, ich habe einen Fall, aber ich möchte nicht, dass mir reingeredet wird? Oder ich habe nicht alle Fakten parat, die Familie gerade erst einmal gesehen und bin daher nicht ausreichend auskunftsfähig? Oder etwas ganz anderes?«
    In der weiteren Diskussion zeigt sich, dass unterschiedliche Motive hineinspielen. Die innere Anspruchslatte (»Wie hoch muss der Leidensdruck sein und wie gut muss ich

über Details des Falls Bescheid wissen?«) hängt hoch, teilweise gibt es auch ungute Vorerfahrungen in der Supervision (»Plötzlich hat man das Gefühl, man hat alles falsch gemacht«), die zur Zurückhaltung beitragen. Wir widmen die Supervision daher den beiden übergeordneten Fragen: Wann ist ein Fall ein Fall – das heißt, wie hoch müssen Leidensdruck, Vorwissen und Präzision des eigenen Anliegens sein? Und: Wie müssen wir hier Fälle bearbeiten, damit es sich vorher, währenddessen und danach für alle Beteiligten gut anfühlt?

Gerade in der Arbeit mit größeren Gruppen ist die Barriere, Anliegen direkt zu äußern, oft schlicht zu groß. Kleingruppen fungieren dann als relativ sichere Orte, in denen gut vorgearbeitet und das Schweigen zieldienlich gebrochen werden kann (für weitere Anregungen zum Umgang mit schweigsamen Teams vgl. Abschnitt 4 in Kapitel VI).

Fallbeispiel
In der Konfliktberatung zwischen einem Großteam und seinen Leitungskräften werden beide Seiten zu Beginn des Beratungsprozesses gebeten, in Kleingruppen wesentliche Anliegen zu notieren und zurückzumelden: »Was wünschen Sie sich zukünftig weiter so, was anders in der Zusammenarbeit? Notieren Sie jeweils die drei für Sie wichtigsten Themen und Anliegen. Notieren Sie zudem auch jeweils drei Dinge, die Sie für sich als Team beziehungsweise als Leitung selbst zukünftig weiter so machen möchten – und drei Dinge, die Sie selbst gern ändern möchten«.
Beide Seiten notieren ihre Antworten auf Moderationskarten und bekommen für die Diskussion Zeit in getrennten Kleingruppen. In der Erarbeitung gilt die Spielregel: Es sind sowohl Aspekte zurückzumelden, die kritisiert (»anders gewünscht«) werden, als auch Aspekte, die positiv bewertet werden (»weiter so«).

Auch wenn bei einzelnen Teammitgliedern heftige Kritik vorherrscht, haben die meisten ein Bewusstsein dafür, dass es für die Führungskräfte – »Einzelpersonen versus eine Gruppe« – eine besondere Herausforderung darstellt, sich in die Arena der Kritik zu begeben. Wer alles ändern soll, fühlt sich erschlagen und abgelehnt und ändert in der Regel nichts. Eine balanciertere Rückmeldung erhöht die Chancen auf Wirksamkeit. Teams nehmen die Einladung, nicht nur kritische, sondern auch positive Aspekte zurückzumelden, daher in der Regel dankbar auf.

»Könnten wir besprechen, müssen wir aber nicht« –
Was tun bei fehlender Energie?

Gerade in größeren Gruppen sind oft nicht alle Beteiligten gleichermaßen betroffen von den Themen im Raum. Um diese Tatsache zu enttabuisieren und gleichzeitig nutzbar zu machen, lässt sich offen fragen: Wen beschäftigt diese Frage besonders? Wer sieht sich eher als »nur am Rande beteiligt«? Diejenigen, für die das Anliegen unmittelbare Relevanz besitzt, werden eingeladen, mit ihrem Stuhl in die Mitte der Gruppe zu kommen. Die Supervision für den jeweiligen Fall oder das Anliegen findet so in einer *Fishbowl* (vgl. Kapitel III) der Interessierten statt, während der Außenkreis zu Co-Beratenden wird. Diese nehmen eine Beobachterposition ein und steuern im Nachgang ihre Hypothesen und Ideen bei. Die einfache Intervention macht klar, wer welche Rolle im Moment innehat, wer etwas will und wer vielleicht auch nicht. Unsicherheit (»Vielleicht interessiert das ja auch nur mich?«) und Unzufriedenheit (»Müssen wir das wirklich besprechen?«) verschwinden, da für Anliegen und Nicht-Anliegen Verantwortung übernommen werden kann. Auf der Haltungsebene setzt dies voraus, gegenüber der Frage »Wer hat (k)ein Anliegen?« neutral zu bleiben. Beides ist legitim, bedarf aber der Schaffung eines dafür stimmigen Settings.

Dies gilt auch für den Fall, dass die vorgetragenen Anliegen insgesamt nur mit wenig Energie ausgestattet sind. Ist ein »Könnten wir besprechen, müssen wir aber nicht« atmosphärisch greifbar, sollte es adressiert werden: »Angenommen, wir nutzen die nächsten anderthalb Stunden für dieses Thema – was könnte bestenfalls dabei herauskommen?« Bleibt die Antwort hierauf schal, kann dies freundlich metakommuniziert werden: »Es scheint, als ob es im Moment wenig Hoffnung gibt, dass dieses Thema gewinnbringend für Sie werden wird. Das sollten wir nicht übergehen. Angenommen, wir entscheiden hier und jetzt, die Sitzung zu beenden – gäbe es etwas zu verlieren?« Entscheidend ist auch hier eine Haltung, die Energielosigkeit nicht persönlich nimmt, sondern als Ausdruck von Erfahrungswerten und Bedürfnissen im Beratungssystem. Werden diese erkundet, entsteht gar nicht so selten ein Thema »dahinter«, über das in relevanter Weise gesprochen werden kann.

Fallbeispiel
In der Supervision eines Beratungsteams steht das Thema »Einarbeitung neuer Kolleginnen« auf dem Programm. Im Rahmen der Auftragsklärung zeigt sich brave Mitwirkung bei gleichzeitig überschaubarer Dynamik. Der Supervisor meldet dies freundlich rück (»Es wirkt, als sei dieses Thema zwar theoretisch relevant, aber praktisch doch eher ermü-

dend – nehme ich das richtig wahr?«) und lädt zu mehr Offenheit ein (»Falls ja, werden Sie gute Gründe dafür haben – die würden mich interessieren ...«). Im weiteren Verlauf wird deutlich, dass die Einarbeitung im Großen und Ganzen unproblematisch verläuft, es jedoch Schwierigkeiten mit einer neuen, aktuell abwesenden Kollegin gibt, die sich nicht an Absprachen hält. Sofort wandelt sich die Energie im Raum – und nachdem geklärt ist, wie wir mit der Abwesenheit der Kollegin verfahren (vgl. Kapitel VI), kann das Thema hinter dem Thema zielführend adressiert werden.

Nonverbale Signale wertschätzend aufzugreifen, Zögern, Zurückhaltung aber auch Sarkasmus und mehr oder weniger deutliche Abwertung freundlich metakommunikativ anzusprechen ist auch deshalb bedeutsam, weil hierdurch im Beratungssystem Referenzerfahrungen geschaffen werden: Wie können wir auf konstruktive Weise Unausgesprochenes verbalisieren? Wie können wir das Unausgesprochene übersetzen in berechtigte Anliegen und Unterschiede? Und wie kann eine offene Verständigung hierüber aussehen?

2 Prototypische Designelemente

Der Auftrag gibt die Richtung der Teamberatung vor. Auf dem Weg zum Ziel kann die charakteristische Dynamik der Zusammenarbeit im Team für unvorhergesehene Hindernisse, Umwege und Neujustierungen sorgen. Insofern sind auch Teamberatungsprozesse nur begrenzt planbar. Eine wesentliche Kompetenz ist deshalb immer auch die Bereitschaft, alle Überlegungen zu Design und Ablauf über Bord zu werfen und darauf zu fokussieren, was sich im gegenwärtigen Moment an Mustern und Musterunterbrechungen anbietet. Gleichzeitig gibt es Heuristiken der Problembearbeitung, die sich in unserer Praxis als hilfreich erwiesen haben. Einige dieser prototypischen Choreografien seien hier deshalb illustriert und in Abbildung 10 (»Idealtypischer Ablauf einer Beratung«) zusammengefasst.

Joining

Joining umschreibt die Phase des Ankommens und Zusammenfindens. Zu Beginn einer Beratung liegt die Aufmerksamkeitsfokussierung der Beteiligten in der Regel stärker auf dem individuellen Tagesgeschäft samt seinen Dringlichkeiten als beim gemeinsamen Ziel. Zusammenkünfte in Gruppen sind zudem für viele Menschen mindestens ambivalent besetzt – muss ich mich rechtfertigen, beweisen, bewähren? Aus hypnotherapeutischer Sicht stellen diese Voreingestelltheiten eine Art *Priming* dar, das den inneren Erlebens- und Wahrnehmungsraum ebenso färbt wie die mögliche Interaktion. Es gilt deshalb, über körperliche Anwesenheit hinaus einen der Problembearbeitung dienlichen Aufmerksamkeitsfokus zu etablieren. Je nach Zeit und Gruppengröße bieten sich hier unterschiedliche Impulse an. »Natürliche« Chancen wie *Geburtstage* und andere *Jubiläen* können ergriffen werden – ein gemeinsames Ständchen macht spürbar: Wir sind hier als Gemeinschaft versammelt. In Auftaktveranstaltungen lassen wir gern vor jedem inhaltlichen Kennenlernen *positiv spekulieren und assoziieren*: »Was denke ich, welche hilfreichen und bereichernden Eigenschaften du in unsere Zusammenarbeit einbringen kannst?« Denkbar sind auch kurze *Achtsamkeitsübungen* zum Auftakt (»Ich nehme wahr, wie ich hier bin«) oder ein *Kompliment-Austausch im Speeddatingformat* (»Welche Ihrer Kolleginnen hätte eigentlich ein Kompliment oder ein kleines Danke verdient, es ist im Alltagstrubel aber untergegangen? Holen Sie es direkt nach!«). In einer *Wurzelrunde* schaffen wir Raum für das, was jeder mitbringt (»Diese Form des Miteinanders ist ja schon besonders, wir kommen alle von überall her und jeder von uns hat irgendetwas an den Wurzeln, wie kleine Topfpflanzen, die gerade in einen neuen großen Topf verpflanzt wurden. Lassen Sie uns mal eine kleine Runde machen: Was habe ich gerade noch an meinen Wurzeln aus den Kontexten, aus denen ich komme, und auf was freue ich mich heute hier?«).

Gemeinsam ist diesen Interventionen der Versuch, einen Kontext von Sicherheit und Wertschätzung anzuregen. *Joining*-Übungen sollten nach Möglichkeit in einer körperlich wohltuenden Komplementarität gestaltet werden (am abgehetzten Morgen eine ruhige Runde, nach langen Arbeitstagen eine aktivierende Körperübung). Für alle *Joining*-Angebote gilt: Die Zeit im Auge behalten! So wichtig und angenehm es ist, sich diese Form des Miteinanders zu gönnen – nachhaltig zufrieden sind die meisten Teams, wenn sie die Herausforderungen meistern, vor denen sie sich jeweils sehen.

Auftragsabgleich und -aktualisierung

Sind alle wach und entsprechend ins Miteinander »eingecheckt«, gilt es Anliegen und Auftrag zu erarbeiten. Wurden diese bereits im Vorfeld entwickelt, werden die sich daraus ergebende Agenda vorgestellt und Anpassungserfordernisse seitens der Gruppe erfragt (»Passt das so oder fehlt etwas Wichtiges?«). Meistens wird die Agenda Zustimmung finden, dennoch ist ein Abgleich wichtig, um klar zu signalisieren: Wir steuern dieses Boot gemeinsam.

Heuristiken für den Weg vom Problem zur Lösung

Der Auftrag ist geklärt, das Team bereit – wie packe ich das Thema nun an? Für diese Grundfrage liefern die im Folgenden ausführlicher dargestellten Problembearbeitungs-Heuristiken nützliche Anregungen. Ein und derselbe Sachverhalt kann grundsätzlich mit jeder der skizzierten Landkarten erkundet und bearbeitet werden. Jede wird dabei an andere Orte führen und andere Unterschiedsbildungen eröffnen. Konkret erkunden wir eine prototypische Abfolge systemischer Fragen (»Von Problem-Muffeln zu Lösungs-Gestaltern«), Heuristiken aus der systemischen Strukturaufstellung *(»Problemstruktur«,»Tetralemmastruktur«,»Glaubenspolaritätenstruktur«)* und das Konzept der *Salutogenese* für die Besprechung von Krisen in Teams. Selbstverständlich lassen sich noch zahlreiche weitere Unterscheidungen nutzen. Die vorliegende hochselektive Auswahl hat sich in unserer Praxis für viele Anliegen als brauchbar erwiesen und hilft dabei, den roten Faden der Problembearbeitung nicht zu verlieren.

Von Problem-Muffeln zu Lösungs-Gestaltern

Der Weg von der Problembeschreibung zur aktiven Gestaltung von Lösungen lässt sich idealtypisch entlang eines Vierfelderschemas vollziehen (s. Abbildung 6).

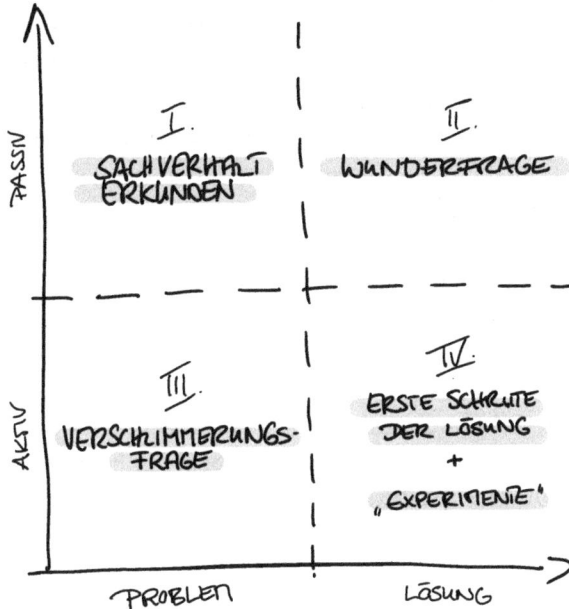

Abbildung 6: Von Problem-Muffeln zu Lösungsgestaltern: Vierfelderschema

Das Beratung suchende Klientensystem erlebt sich zum Auftakt der Beratung in Bezug auf das Problem meist nur begrenzt gestaltungsfähig, sonst hätte es dieses ja bereits gelöst. Hält das Unwirksamkeitserleben zu lange an, machen sich Passivität, gegebenenfalls auch Resignation und Hilflosigkeit breit. Dieses Erleben gilt es zunächst zu verstehen, wobei wir in der Exploration darauf achten, möglichst beobachtbares Verhalten zu fokussieren (Quadrant 1): »Woran machen Sie *konkret* fest, dass es im Moment so unzufriedenstellend ist? Was wurde schon versucht, um das Problem zu lösen, und wie erklären Sie sich die (Un-)Wirksamkeit bisher? Wann war das Problem weniger ausgeprägt oder gar nicht existent? Was war in diesen Situationen anders, wodurch wurde die Ausnahme möglich?« Sind das Problem wie die Bemühungen darum ausreichend verstanden, kann im Sinne der radikalen Lösungsorientierung mit der Wunderfrage eingeladen werden, in den Lösungsraum des Problems einzutauchen (de Shazer, 2022; Quadrant 2): »Angenommen, ein Wunder würde passieren über Nacht, das Wunder würde sich *in Ihnen* ereignen, wie auch immer es aussieht – woran würden Sie merken, dass das Wunder geschehen ist? Was würden Sie anders machen, woran könnte ein Außenstehender das Wunder erkennen?« Die Wunderfrage dient nicht dazu, sich in Erlösungshoffnungen von außen zu flüchten (»In einer idealen Welt hätten wir …«). In der Imagination des »Wunders in uns« werden stattdessen oft Kleinigkeiten zutage befördert, die im Umgang mit dem Problem wenn nicht zur Lösung so doch zur Besserung beitragen.

Mit der Verschlimmerungsfrage (Quadrant 3) wird die Eigenverantwortung des Klientensystems thematisiert. Die allermeisten Probleme müssen, um auf Dauer Bestand zu haben, immer wieder neu gemeinsam co-konstruiert beziehungsweise inszeniert werden. Das Verhalten des einen veranlasst die andere zu einer Reaktion, die wiederum das »ursprüngliche« Verhalten begünstigt. Nur wer kontrolliert wird, will sich entziehen, und nur wer sich entzieht, gibt Anlass zur Kontrolle. »Wie könnten wir einander einladen, in alte Muster zu fallen? Wie bringen wir uns garantiert auf vertraute Palmen? Was müssten wir tun, damit sich bis zum nächsten Mal garantiert nichts ändert?«, lauten die Fragen dieses Quadranten.

Mit der Exploration des Problems (1), des Wunders (2) und den eigenen aktiven (wenn auch nicht unbedingt absichtlichen!) Beiträgen (3) ist in den allermeisten Fällen eine solide Grundlage geschaffen, um in einem letzten Schritt gemeinsam zu überlegen, welche ersten Schritte und Experimente zum jetzigen Zeitpunkt in Richtung »besser« unternommen werden können (Quadrant 4).

Zutaten eines Problems
Viele Probleme lassen sich als Bewegung in Zeit und Raum treffend beschreiben (Varga von Kibéd u. Sparrer, 2020). Abbildung 7 skizziert die zugehörigen Stationen dieser Metapher:

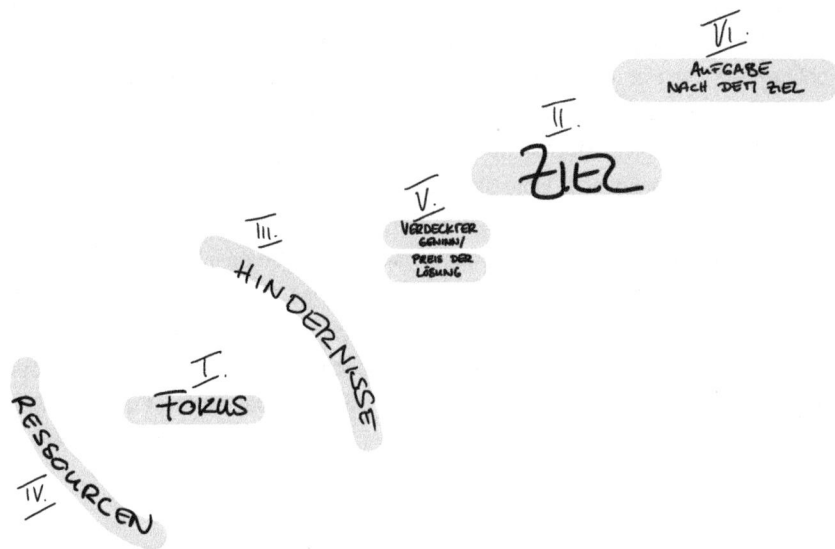

Abbildung 7: Zutaten eines Problems

Ich mit meinem Blick auf das, was problematisch erlebt wird *(Fokus)*, bin im Moment hier und wäre aber gerne dort *(Ziel)*. Zwischen mir und dem Ziel liegen *Hindernisse*, die mir den unmittelbaren Zugriff auf das Ziel erschweren. Für Ziel-Probleme gilt: Das Ziel ist grundsätzlich erreichbar – das aktuelle Nichterreichen wird nicht als Restriktion gefasst (vgl. hierzu Kapitel VII). Der richtige Weg wurde nur noch nicht gefunden, die vorhanden *Ressourcen* noch nicht in einer Weise genutzt, die die Hindernisse bewältigt. »Alles hat zwei Seiten« gilt auch für Ziel-Probleme. Das bisherige Nichterreichen bringt oft *einen verdeckten Gewinn* mit sich. Soll das Ziel erreicht werden, ist dieser verdeckte Gewinn der Preis, der gezahlt werden muss und die Ankunft am Ziel kostbar macht. Zu guter Letzt wartet hinter jedem Ziel noch eine *künftige Aufgabe*, das, was ansteht, nachdem wir das Ziel erreicht haben. Die Aufgabe »danach« kann plausibel machen, wofür das Team bisher im Status Quo verharrte, setzt aber oft auch motivierendes Potenzial frei.

Fallbeispiel
Eine Beraterin wird zur Moderation des Austauschs einer politischen Fraktion geladen. Ziel des Zusammenkommens ist es, besser zusammenzuarbeiten. Alle sind sich einig, dass die Kommunikation zwischen dem führenden Parteigremium und den Abgeordneten verbessert werden soll. Die Exploration des Ziels (»Woran würden Sie merken, dass ...«) offenbart, dass es vor allem um eine bessere Koordination der Außendarstellung geht. Schnell wird deutlich, dass ein Teil des Problems als Restriktion zu fassen ist (»Wir haben nicht immer in der Hand, was die in der Zeitung schreiben«). Der bestmögliche Umgang mit dieser Begrenzung ist dann, vom Wohlwollen des jeweils anderen auszugehen.

In Teilen bleibt die unabgestimmte Außendarstellung doch hausgemacht. Hindernisse für mehr gemeinsame Linie sind »unklare Zuständigkeiten«, »Zeitdruck«, »Ich wusste gar nicht, dass das für dich wichtig ist«. Die Ressourcen zur Bewältigung liegen auf der Hand (telefonische Sprecherabstimmung, Chat-Gruppen). Diese Ressourcen zu nutzen, kostet jedoch Zeit (verdeckter Gewinn 1 des Status quo) und stellt »mein gegenwärtiges Lieblingsergebnis« wieder zur Diskussion (verdeckter Gewinn 2). Sich selbst zeitlich und inhaltlich einschränken zu lassen ist individuell den meisten unlieb. Diesen Preis zu zahlen, macht für alle Beteiligten aber für den Moment dennoch Sinn, um mit Blick auf den anstehenden Wahlkampf (Aufgabe hinter dem Ziel) den professionellen Außenauftritt zu sichern.

Die Ziel-Problem-Heuristik dient in erster Linie der Teamberaterin als innere Richtschnur. Sie hilft, in der Diskussion einen Schritt weiter denken zu können und im Gewirr aus Problem, Hindernissen, Ressourcen und Preisen den Überblick zu behalten. Natürlich kann die Beraterin die konzeptionelle Landkarte auch explizit machen und die Gruppe einladen, in Kleingruppen zu allen oder einzelnen Problembestandteilen zu brainstormen. So oder so hilft die Heuristik dabei, Prozesse sicher zu navigieren und tragfähige Lösungen zu verhandeln.

Entscheidungsprobleme

Viele Probleme lassen sich auch durch die Unklarheit darüber charakterisieren, welches Ziel erstrebenswert ist. Auch die Ungewissheit, ob ein Problem für ein Team nun ein Problem ist oder nicht, kann zur ambivalent besetzten Frage werden. Entscheidungen zwischen zwei Alternativen folgen meist einer Entweder-oder-Logik: Entweder wir haben damit ein Problem oder es doch alles in Ordnung. Entweder wir wählen Weg A oder Weg B. Das Tetralemma (Varga von Kibéd u. Sparrer, 2020; s. Abbildung 8; gr. »tetra« = dt. »vier«) erweitert das Entscheidungsdilemma zwischen »dem einem« und »dem anderen« um zwei weitere Positionen (»beides« und »keines von beiden«). Damit kommt Bewegung in den Entscheidungskonflikt, Denk- und Handlungsspielräume können sich erweitern. Im »Durchwandern« der einzelnen Positionen kann sich der Entscheidungskonflikt nicht nur auflösen, sondern als Ganzes auch verändern und ganz neue Fragen hervorbringen. Dies entspräche einer fünften Position (»all dies nicht und auch das nicht«). Das Tetralemma kann im Gespräch, in Kleingruppen oder auch durch Aufstellungsarbeit (z. B. mit Bodenankern oder Stellvertretern) durchgeführt werden. Es empfiehlt sich der Start mit der Position, die dem Klientensystem etwas näher liegt. Kann kein Favorit ausgemacht werden, gibt die Supervisorin im Gruppensetting den Einstieg vor. Da die fünfte Position eine in erster Linie prozessuale ist und inhaltlich von der vierten Position (»keines von beiden«) nur schwer abzugrenzen, sehen wir von ihr, wenn wir das Tetralemma als Heuristik für Kleingruppenarbeiten einsetzen, in der Regel ab. Im Einzelsetting kann es jedoch hilfreich sein, diese »Joker-Position« aus dem Ärmel zu schütteln.

In der Fallsupervision lässt sich das Tetralemma oft als Struktur zur Bearbeitung von Entscheidungskonflikten bezüglich der weiteren Behandlungsplanung heranziehen. Sollen wir das Therapieangebot verlängern oder lieber doch nicht? Die Patientin konfrontieren oder lieber doch noch weiter stabilisieren? Den Patienten entlassen oder ihm eine zweite Chance geben? Gehen wir manualisiert vor oder machen wir es diesmal hier begründet anders? Zur Reflexion dieser und anderer Entscheidungsfragen werden die einzelnen Positionen nacheinander (Reihenfolge wie in Abbildung 8 dargestellt) gemeinsam durchwandert. Alternativ kann die Gruppe in vier Kleingruppen aufgeteilt werden, die parallel jeweils ihre Position diskutieren. Hat die Ambivalenz schon personelle Vertreter (»War ja klar, dass du so argumentierst«), kann es hilfreich sein, zunächst dazu einzuladen, sich nach persönlichem Befinden auf die beiden ersten Positionen, »das eine« und »das andere« aufzuteilen (»Gehen Sie erst einmal dorthin, wo Sie die für Sie momentan naheliegendere Herangehensweise finden. Vielleicht nicht zu 100 %, vielleicht auch zu 100 %, wie dem auch sei ..., aber positionieren Sie sich für den Moment einmal dort, wo Sie sagen: ›Wenn ich nur die Wahl zwischen A und B hätte, dann würde ich mich dafür im Moment entscheiden‹«). Im Anschluss können dann die Positionen »beides« und »keines von beiden« jeweils paritätisch mit Mitgliedern der zuvor opponierenden Gruppen bestückt werden. So leistet das Tetralemma noch einen Beitrag zur Entpersonalisierung.

Abbildung 8: Das Tetralemma

Zur Erkundung der Positionen 1 und 2 bieten sich folgende Fragen an:
»Angenommen, Sie würden sich für ..., und nur für ..., entscheiden,
- welche – vielleicht unverhofften – Vorteile ergäben sich daraus? Für Sie? Für den Patienten?
- für welchen Wert, welche Werte steht diese Position? Was würde eine Entscheidung dafür über Sie als Team aussagen?
- welche Nachteile und Preise gehen mit diesem Weg einher? Für Sie? Für den Patienten?
- welche Auswirkungen wird die Entscheidung mittel- und langfristig vermutlich haben?«

Die Frage nach den Werten, die mit den jeweiligen Optionen verbunden sind, bereitet die Position des »Sowohl-als-auch« vor. So kann ich jemanden nicht »rausschmeißen« und ihm gleichzeitig »noch einmal eine Chance bei uns« einräumen. Der Wert der Konsequenz, der im »Rausschmiss« ausgedrückt werden soll (bspw. klare Grenzen zu setzen und die Einhaltung einzufordern), könnte durchaus auch in einer Fortsetzung der Behandlung Berücksichtigung finden.

Für die Position »beides« können Variationen folgender Fragen zielführend sein:
»Angenommen, so absurd das erst einmal erscheinen mag, es gäbe einen Weg, in dem A und B sich vereinen ließen,
– warum könnte es gut sein, sich für A *und* B entscheiden zu können?
– wie könnten Sie einen Teil von A und einen Teil von B oder die damit verbundenen Werte X und Y gleichzeitig verfolgen?
– wie könnten Sie A und B eventuell im zeitlichen Wechsel verfolgen? Wann wäre es gut, sich für A zu entscheiden? Wann für B?«

Die Position des »keines von beidem« kann die Supervisorin beispielsweise mit folgenden Fragen erkunden:
»Angenommen, Sie würden sich entscheiden, weder A noch B weiter zu verfolgen,
– was könnte stattdessen für Sie/den Klienten wichtig sein?
– welche guten Gründe könnte es geben, sich weder für A noch für B zu entscheiden?«

Diese Fragen sollen anregen, mit dem Tetralemma zu beraten. Sie legen dabei nahe, das Tetralemma nicht als bloßes »Tool« misszuverstehen. Der zentrale Mehrwert liegt für uns in der Heuristik, die es für die Bearbeitung ambivalenter Ausgangslagen bereitstellt. Allein das Wissen um die unterschiedlichen Positionen ermöglicht uns, auch in Pattsituationen handlungsfähig zu bleiben. Und wenn nach dem Verstehen des »einen« und »des anderen« allein die Position des »Sowohl-als-auch« reicht, damit das Team wieder in eine produktive Zusammenarbeit findet, können die vierte und fünfte Position für den Moment auch im Kopf der Beraterin bleiben.

Das ausgeblendete Dritte
Die dritte Heuristik aus dem Hause der systemischen Strukturaufstellung befasst sich mit *Glaubenspolaritäten* (s. Abbildung 9). Inspiriert durch die vergleichende Religionswissenschaft schlagen Varga von Kibéd und Sparrer (2020) für Organisationen folgendes Dreigestirn für die Analyse von Auseinandersetzungen vor:

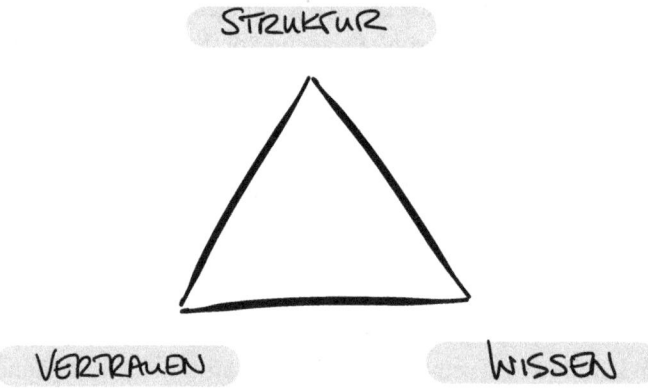

Abbildung 9: Glaubenspolaritäten

Alles, was im Team besprochen wird, kann unter der Perspektive des *Wissens*, des Erkennens, Einsehens und Verstehens thematisiert werden. Wird ein Problem zum Wissensproblem, gilt: Wenn nur alle wüssten, was sie wissen sollten, gäbe es kein Problem.

Demgegenüber steht der Begriff der *Struktur*. Wird das Problem als Strukturproblem betrachtet, gilt: In ihm manifestiert sich ein Mangel an Struktur- und Prozesssicherheit. Oder andersherum: Wenn die Rollen und Prozesse klar sind, die Meetings in der richtigen Frequenz mit den richtigen Teilnehmenden stattfinden, Entscheidungskompetenz und Verantwortung zueinander stimmig organisiert sind, gibt es kein Problem mehr.

Die dritte und letzte Perspektive, die uns Varga von Kibéd und Sparrer vorschlagen, ist die des *Vertrauens*. Alternativ könnten hier aber auch Empathie, Mitgefühl, Kommunikation oder Zusammenhalt stehen. Angesprochen ist damit die Qualität des Zwischenmenschlichen. Und wieder kann jedes Problem als Problem des Zwischenmenschlichen konstruiert werden. Dann gälte: Wenn mehr Vertrauen da wäre, hätten wir überhaupt keinen Anlass zur Diskussion.

Systemische Beratung zielt auf Unterschiede, die für die Klientensysteme einen relevanten Unterschied machen. Die Glaubenspolaritäten bieten Möglichkeiten, Probleme wahrzunehmen und einzuordnen. Die Supervisorin kann mit ihrer Hilfe zudem das vielleicht ausgeblendete Dritte zum Thema machen.

Fallbeispiel
In einer Leitungssupervision geht es um die Verbesserung des Informationsflusses. Eine sehr tatkräftige und kompetente Kraft sieht sich der Kritik ihrer Kollegen ausgesetzt, die Informationen nicht so weiterzugeben, dass die anderen in den Entscheidungsprozess

ernsthaft einbezogen werden können. Die Diskussion dreht sich vor allem darum, wer welche Rolle hat (Struktur) und wer welche Informationen wann haben sollte (Wissen). Offenbar gibt es unterschiedliche Ansichten und somit Klärungsbedarf. In der weiteren Diskussion stellt sich atmosphärisch jedoch kein zufriedenstellender »buy-in« der Beteiligten ein. Theoretisch denkbare Lösungsvorschläge bleiben kraftlos. Der Berater nimmt dies zum Anlass, die dritte Dimension ins Spiel zu bringen und fragt alle Beteiligten, inwiefern sie sich zumindest potenziell für ein Team halten, das vertrauensvoll zusammenarbeiten kann. Und falls nein, was sie voneinander dazu bräuchten. Allein durch die Frage verändert sich die Atmosphäre im Raum, und es entsteht ein Gespräch, in dem auch alte Verletzungen benannt werden können. In der Folge kann dann auch die Frage nach den Zuständigkeiten und Regelkommunikationen allseits zufriedenstellend gelöst werden.

Die bis hier skizzierten Strukturierungshilfen entstammen dem systemischen Feld. Mit dem Konzept der Salutogenese verweisen wir abschließend auf eine stärker normative Heuristik, die sich in der Bearbeitung von Krisen bewährt hat. Ob die damit einhergehende Fokussetzung für das Team zielführend ist beziehungsweise inwiefern sie verworfen, angepasst oder ergänzt werden sollte, muss stets gemeinsam mit dem Team erkundet werden.

Krisenbearbeitung mithilfe des Salutogenese-Konzepts

Das Konzept der Salutogenese (Antonovsky, 1997) fokussiert die Frage nach den zentralen Faktoren eines gesunden Lebens. Im Zentrum steht, was stärkt, nicht, was schwächt und schadet. Eine wesentliche Komponente der Salutogenese ist der sogenannte »Kohärenzsinn«. Der Begriff fasst das grundlegende Vertrauen des Menschen in die *Verstehbarkeit, Handhabbarkeit und Sinnhaftigkeit* des Lebens. *Verstehbarkeit* bezieht sich auf die Fähigkeit, die Welt um sich herum erklären und begreifen zu können. Warum passiert, was passiert? Was hat dazu (möglicherweise) beigetragen? Welche Rolle haben wir dabei? *Handhabbarkeit* bezieht sich auf die Fähigkeit, mit den vor sich liegenden Stressoren und Herausforderungen wirksam umgehen, diese bewältigen zu können. *Sinnhaftigkeit* meint die Fähigkeit, der Auseinandersetzung mit den Herausforderungen des Lebens eine tiefere Bedeutung, einen Sinn abgewinnen zu können – es geht um das Vertrauen darin, dass es Sinn macht, sich ihnen zu stellen und sich zu engagieren. Sind Teams mit existenziellen Herausforderungen konfrontiert, können die drei Kategorien des Kohärenzsinns ein hilfreiches Raster für die Ausrichtung der gemeinsamen Reflexion bieten.

Fallbeispiel
Bereits am Vortag zur Supervision informiert die Stationsleitung die Supervisorin, die kommende Sitzung nutzen zu wollen, um den Suizid eines Patienten aufzuarbeiten. Die Supervision beginnt mit einer offenen Runde: Wie hinterlässt mich dieser Suizid? Welche Fragen beschäftigen mich? Im Anschluss werden die drei Foki des Kohärenzsinns kurz vorgestellt und als Grundlage für die folgende Fallbesprechung vereinbart.

Unter der Überschrift »Verstehbarkeit« beginnt eine gemeinsame Suchbewegung: Wie erklären wir uns den Suizid zu diesem Zeitpunkt? Welche inneren und äußeren Faktoren haben möglicherweise mit hineingespielt? Im Bewusstsein, dass es keine Gewissheiten geben kann, entwickelt das Team gemeinsam ein Bild, in dem die Handlung des Patienten verstehbarer wird, wenn auch nach wie vor schwer annehmbar bleibt. Im Anschluss stellt sich die Frage, wie die Station weiter mit dieser Krise und ihren Auswirkungen umgehen will (»Handhabbarkeit«). Was wird an die Mitpatientinnen wie kommuniziert, wer steht in Zukunft für die Fragen der Familie zur Verfügung? Und: Was wollen wir in der nächsten Zeit für uns tun, um unserer Trauer einen Platz zu geben? Gibt es konkrete Maßnahmen, die wir in Reaktion auf den Suizid auf Station ergreifen möchten? Abschließend stellt sich das Team der Frage, welchen »Sinn« es dieser Erfahrung geben möchte. Was lernen wir aus dieser tiefen Erschütterung? Wofür sensibilisiert sie uns? Was rückt dadurch wieder in den Vordergrund?

Die Sinndimension dient nicht der Relativierung des Verlusts beziehungsweise der Krise, sondern der Ausrichtung auf das, was trotz allem wert ist, gelebt, gestaltet oder (aus-)gehalten zu werden. Nicht immer ist in der Akutsituation bereits erkennbar, welche Sinnhaftigkeit sich in der Auseinandersetzung mit der Herausforderung entfalten kann. Ab und an kann deshalb auch eine imaginative Zeitreise Sinnquellen für die Gegenwart erschließen: »Wenn Sie sich vorstellen, Sie schauen in einigen Jahren auf diese Krise zurück und denken sich: ›Das war eine richtig schwere Zeit, aber wie wir das gemacht haben, was wir daraus gelernt und miteinander entwickelt haben, das war wertvoll‹, worauf würden Sie gern zurückschauen?«

Nächste Schritte

Vergegenwärtigen wir uns erneut, dass Entscheidungen die Grundlage allen organisationalen Geschehens sind. Für die Beratung heißt dies: Alle Verstehensbewegungen und Lösungsideen müssen in eine Kommunikation überführt werden, die das Besprochene als Entscheidung kennzeichnet. Eine bescheidene und zugleich verbindliche Haltung der Supervisorin ist hier von Vorteil. »Was können wir heute als verbindlich festhalten? Wie könnte ein Pilotversuch zu den entwickelten Ideen aussehen? Welches konkrete Experiment wollen Sie als Teilnehmende der Beratung vereinbaren?« Fragen wie diese markieren die Reflexionsergebnisse als Entscheidung und schaffen so die Voraussetzung für Transfer aus dem Beratungssystem ins Heimatsystem.

Resonanzerfahrungen und Reflexionen zweiter Ordnung

Bleibt noch Zeit, kann diese ähnlich wie das *Joining* wieder als Investition ins Miteinander genutzt werden. Eine *Trittbrettfahrerrunde* im Nachgang zu einer Fallarbeit offenbart, auf welche Weise auch scheinbar weniger involvierte Teammitglieder profitiert haben (»Was in diesem konkreten Fall hat Sie persönlich oder professionell angeregt, bestärkt, an Wichtiges erinnert, bereichert? Was kennen Sie von sich selbst in ähnlicher Weise?«). Die Fallgeberin erhält bestärkende Rückmeldung zum Wert ihrer vielleicht als »dumm« oder »unklar« befürchteten Frage. Alle Teilnehmenden erleben, dass Selbstoffenbarung sich lohnt und schaffen miteinander einen Kontext von Sicherheit.

Die getane Arbeit kann auch selbst zum Gegenstand der Reflexion werden. Hierfür werden alle Teilnehmenden eingeladen, eine Metaposition zum Beratungsprozess einzunehmen. Methodisch bietet sich hierfür auch ein physischer Positionswechsel an. Alle stellen sich hinter ihren Stuhl, betrachten den Kreis der Teilnehmenden »von außen« und geben Antwort auf Fragen wie:
– »Was hat mir an der Zusammenarbeit dieses Teams heute besonders gefallen?«
– »Wovon wünsche ich dem Team in Zukunft (noch) mehr, wozu möchte ich es gerne ermutigen?«

Die Fragen sind bewusst so gestellt, dass über das Team als dissoziiertes Drittes gesprochen wird. Vielen fällt der Ausdruck damit etwas leichter. All jene, die mit der dritten Person an dieser Stelle Schwierigkeiten haben, dürfen natürlich auch »über uns« sprechen.

Ein niedrigschwelliges Angebot zur Prozessreflexion bieten auch Skalierungsfragen.
1. Auf einer Skala von 1 bis 10: Wie befriedigend/ermutigend/nützlich war der heutige Austausch für mich?
2. Was wollen wir nächstes Mal genauso machen?
3. Was ich in der nächsten Runde beitragen möchte, um auf der Skala in die gewünschte Richtung zu wandern, ist ...

Abschließend seien hier die unterschiedlichen Aspekte dieses Kapitels nochmals als Grafik zusammengefasst. Unter Einsatz der beschrieben Elemente können im belebenden Methodenwechsel mithilfe der Heuristiken inhaltlich ertragreiche Lösungswege gemeinsam entwickelt werden.

Abbildung 10: Idealtypischer Ablauf einer Beratung

V Wie werden und bleiben wir ein Team? – vier Kerndimensionen der Zusammenarbeit

Der Organisationstheoretiker Richard Beckhard entwickelte bereits 1972 ein Modell, das Antwort gibt auf die Frage: Was braucht ein Team, um wirksam zusammenzuarbeiten? In seinem GRPI-Modell (Beckhard, 1972) unterscheidet er folgende vier Ebenen:
- *Goals – Ziele:* Wofür gibt es das Team? Welche Ziele muss das Team erreichen, um die relevanten Kundinnen und Auftraggebenden zufrieden zu stellen? Welche Meilensteine gehören dazu?
- *Roles – Rollen:* Wer übernimmt welche Verantwortung zur Zielerreichung? Wer ist wofür zuständig und autorisiert? Wie klar sind die Rollen allen Beteiligten?
- *Processes – Abläufe:* Wie klar sind die verschiedenen Arbeitsprozesse definiert und wie gut sind diese organisiert? Wie laufen Informationsflüsse und Entscheidungsprozesse? Wer kommuniziert wann mit wem worüber?
- *Interpersonal Values – Werte der Zusammenarbeit:* Welche Art des Miteinanders brauchen wir, um uns sicher, geschätzt und zugehörig zu fühlen?

Im Kern berührt das Modell viele der Aspekte, die wir uns bereits mit einem systemischen Team- und Organisationsverständnis erarbeitet haben. In seiner Sprache und Komplexitätsreduktion hält es eine leicht anschlussfähige Heuristik bereit, die sich insbesondere bewährt hat, um neu zusammenkommende Teams arbeitsfähig auszurichten. Beckhards vier Ebenen können darüber hinaus als grundlegendes Raster für Ansatzpunkte zur Verbesserung der Zusammenarbeit dienen. Im Folgenden differenzieren wir sie weiter aus und erkunden methodische Möglichkeiten, »tiefer zu graben« und produktive Klärungsprozesse anzuregen.

1 Ziele – Wofür gibt es uns?

Ziele sind das motivationale Kraftzentrum jeglicher Zusammenarbeit. Sie bilden die Grundlage der gemeinsamen Ausrichtung, ermöglichen Identifikation und Teilhabe. Die Frage nach dem *Wofür* geht dabei über unmittelbare Ziele hinaus. Angesprochen sind höherwertige Motive, der *Sinn,* zu dem eine Organisation durch ihr Handeln beiträgt (Sinek, 2011; Schmidt, 2020). Aus diesem lassen sich wiederum sinnstiftende Teilziele ableiten. Die Fragen »Wann sind wir erfolgreich? Wann machen wir gute Arbeit?« werden von unterschiedlichen Individuen und Interessensgruppen unterschiedlich beantwortet. Es lohnt sich deshalb, die »Vielfalt der Wofürs« des Teams in den Raum zu holen:

- Wofür gibt es uns als Team in dieser Organisationseinheit?
- Wenn wir die externen und internen Kunden (imaginativ oder real) in den Raum holen, die von unseren Handlungen und Entscheidungen betroffen sind, woran merken die, dass wir gut arbeiten?
- Welche Erfolgskriterien legt die Führungsebene unserer Arbeit zugrunde? Inwiefern gibt es innerhalb der Führungsebene gegebenenfalls verschiedene Antworten und Priorisierungen auf diese Frage?
- Wie passen Erfolgs- und Sinnkriterien der unterschiedlichen Stakeholder zusammen?

Auch der Blick nach außen und die Konfrontation mit Erwartungshaltungen der Teamumwelt sind wichtiger Bestandteil der Zielklärung:

Fallbeispiel
Im Vorfeld eines Teamworkshops berichtet die Oberärztin einer psychiatrischen Station über größere Veränderungen. Die Klinik habe den Vollversorgungsauftrag für die städtische Region übernommen, Patientinnen müssen nun in einer Notfallsituation unmittelbar von der Klinik aufgenommen werden. Stationen der Akutversorgung seien dadurch mit einem höheren Belegungsdruck konfrontiert und Patienten müssten früher auf nachgelagerte psychotherapeutische Stationen verlegt werden. Für die nachbehandelnden Stationen bedeutet dies, dass es zukünftig zwei verschiedene Patientengruppen gibt – die Patienten mit einem »psychotherapeutischen Behandlungsauftrag« und Patientinnen, bei denen das »Abklingen des akuten Zustands« im Vordergrund steht. Beide Patientengruppen brauchen unterschiedliche Behandlungsansätze. Die Primäraufgabe der Station wandelt sich also, das Selbstverständnis ist jedoch weiter dadurch geprägt, dass auf »unserer Station« keine Akutfälle aufgenommen werden und die psychotherapeutische Behandlung nach einer festgelegten Wochenstruktur erfolgt. Es entstehen Auseinandersetzungen darüber, dass vermeintlich »falsche Akut-Patienten« jetzt auf der Station behandelt werden.

Von außen wandeln sich die Zielvorgaben, im Inneren entstehen Konflikte. Bevor diese auf der Beziehungsebene bearbeitet werden, bedarf es der Zielklärung zur konzeptionellen Neuausrichtung der Station. Was bedeutet es für uns als Team, wenn diese Patientengruppen dauerhaft aufgenommen werden? Welche neuen Erfolgskriterien und Ziele gelten jetzt für unsere Arbeit? Welche Veränderungen erfordert dies?

Dieses »Wofür« bildet den Ausgangspunkt jeglicher Zusammenarbeit. Die Arbeit an Zielen dient darüber hinaus der Schaffung einer von allen geteilten Referenz, die über die Partikularinteressen hinaus Gültigkeit beansprucht. Teams sind sich in der Selbstreferenz oft selbst genug, für ihren Kontext sind sie jedoch ein Mittel zum Zweck. Ihre Zusammenarbeit dient der Bewältigung einer Aufgabe, die ohne dieses Miteinander nicht beziehungsweise nicht so effektiv und effizient bewältigt werden könnte. Geraten die Ziele aus dem Blick oder erweisen sie sich als unklar beziehungsweise strittig, geraten auch Prozesse, Rollen und das Miteinander durcheinander.

2 Rollenklärung – Spielräume, Verantwortung und Aufgabenverteilung ausloten

Rollen können wir analog zu Luhmanns Personenbegriff als Erwartungskollagen betrachten (vgl. Kapitel I, Abschnitt 1). Anders als der Begriff der Person sind Rollen vor allem funktional gefasst. »Welche Rollen brauchen wir, um unsere Aufgabe koordiniert und effizient abzuwickeln?«, lautet die zugehörige Frage. Rollen bündeln zentrale Verantwortlichkeiten. »Verantwortung betrifft die Frage, wer in einer Organisation auf welche Art von Frage Antwort geben *kann, will, darf* und *muss*«, definiert Bernd Schmid (Schmid u. Messmer, 2004) den Verantwortungsbegriff. »Können« ist dabei eine Frage der Kompetenz/Qualifikation, »wollen« eine Frage der Motivation (»Liegt mir die Aufgabe? Macht sie mir Sinn?«), »dürfen« verweist auf die Autorisierung von außen und »müssen« auf die tatsächliche Zuständigkeit. Voraussetzung für eine wirksame Ausübung der eigenen Rolle ist, dass Kompetenz, Motivation, Autorisierung und Zuständigkeit stimmig aufeinander bezogen sind.

Fallbeispiel
In einem Projektteam kommt es zu Spannungen. Der Projektkoordinator kritisiert mangelnde Termintreue, einzelne Teammitglieder erleben sich als »gegängelt«, wieder andere beklagen fehlende Struktur. Bevor wir uns den inhaltlichen Fragen und den Beziehungsthemen widmen, gehen wir in der Teamberatung der Frage nach, welche

Rollenerwartungen mit dem Begriff »Projektkoordinator« verbunden sind. Entlang der obigen Unterscheidungen klären wir, inwieweit Qualifikation, Motivation, Autorisierung und Zuständigkeit stimmig zu diesen Erwartungen sind. Rasch zeigt sich: Der Projektkoordinator ist zwar fachlich qualifiziert, persönlich engagiert und auch eindeutig zuständig für die Sicherstellung des Gesamtergebnisses, es mangelt aber an hinreichender Autorisierung durch die Ebene darüber. Als »Koordinator« ist er nicht weisungsbefugt, seine Bitten haben Empfehlungscharakter, dem man folgen kann, aber nicht muss.

Rollen verhalten sich im Ideal komplementär, das heißt, verändert sich eine Rolle, hat dies unmittelbar Konsequenzen für alle angrenzenden Rollen. Gerade wenn neue Chefinnen oder neue Mitarbeitende an Bord kommen, wird deutlich, welche Facetten der Rolle bislang implizit erfüllt wurden, aber nicht explizit auf dem Schirm des Nachfolgers sind. Anstatt die unvermeidliche Enttäuschung zu personalisieren (»Sie hat es einfach nicht so drauf wie ihre Vorgängerin«), können die Betroffenen eingeladen werden, ihre Rollenerwartungen explizit zu machen und miteinander neu zu verhandeln:
– Was ist in meinem Rollenselbstverständnis für mich Pflicht, was Kür?
– Wofür fühle ich mich in meiner Rolle verantwortlich? Wofür auch nicht?
– Sehen das alle ähnlich?
– Wenn wir unsere Rollenverständnisse übereinanderlegen – welche Aufgaben und Verantwortungsbereiche bleiben unter- bzw. überversorgt? Wofür fühlt sich niemand zuständig, fühlen sich zu wenige kompetent, zu viele autorisiert, ...?

Auch innerhalb ein und derselben Organisation vereinigen viele Menschen mehrere Rollen in sich. Ob ich es gut finde oder nicht, ich bin Leitung und *gleichzeitig* die Supervisorin/ich bin mit Leitungsaufgaben betraut und *gleichzeitig* als Kollege Teil des Dienstplans. Rollen sind dann wie vielzitierte Hüte, die man auf- und absetzen kann und mit denen man sich tunlichst nicht verwechseln sollte. Nicht immer ist allen Beteiligten ausreichend klar, wer gerade welchen Hut aufhat. Rollenkonflikte beziehungsweise -unschärfen treten in Teams häufig auf und sind ein klassischer Nährboden für Konflikte.

Überall dort, wo Menschen mehrere, zum Teil widersprüchliche Rollen innehaben, kann es deshalb wichtig sein, Rollenwechsel nach außen sichtbar zu markieren (»Welchen Hut habe ich gerade (nicht) auf?«). Neben der expliziten Benennung (»Ich spreche gerade aus der Rolle der Betriebsrätin«) können Rollenwechsel auch durch die Wahl des Orts der Interaktion (»Als Supervisorin gehen wir in den Besprechungsraum, für's Mitarbeitergespräch zu mir«) oder den Wechsel von Kleidung (OP-Kleidung vs. Forschungskleidung) markiert werden. Rollenklärungen sind wiederkehrend zu leisten und können nicht, nur weil »bereits einmal geklärt«, vorausgesetzt werden.

In seinem Drei-Welten-Modell der Persönlichkeit beschreibt Bernd Schmid (2014, S. 203) Menschen als Bündel von Rollen, die sich prinzipiell aus drei Welten speisen: Jeder von uns hat private Rollen inne (Mutter, Vater, Freundin, Vereinsmitglied, ...), organisationale Rollen (Führungskraft, Mitarbeiter, Projektleitung, Stabstelle, ...) und professionelle Rollen. Letztere verweisen auf die professionelle Sozialisation. Es macht einen Unterschied, ob ich das Team als Juristin oder als Psychologin leite, ob ich fachlich eher durch neurobiologische, psychotherapeutische oder betriebswirtschaftliche Konzepte geprägt bin etc. Im Organisationsalltag geraten Führungskräfte wiederkehrend in Rollenkonflikte zwischen dem, was sie professionell oder persönlich für sinnvoll erachten, und dem, was sie in ihrer organisationalen Verantwortung sicherstellen müssen. Dies wirkt sich immer auch auf die Zusammenarbeit aus.

Fallbeispiel
Frau H. ist pflegerische Leitung einer Krankenhausstation. Aufgrund von hoher personeller Fluktuation und Krankenständen muss sie in ihrer Rolle als Stationsleitung permanent Mangelzustände verwalten und fast täglich Mitarbeitende aus dem Frei holen. Als Privatmensch möchte Frau H. die Freizeit ihrer Kollegen respektieren, als Professionelle weiß sie, dass die Arbeit darunter ebenso leidet wie die Mitarbeitenden selbst. Und doch bleibt sie in ihrer Organisationsrolle für eine Mindestbesetzung verantwortlich. Der enorme Druck, der aus diesen Spannungsfeldern entsteht, droht auf Dauer auch Frau H. krank zu machen. Sie schützt sich, indem sie sich physisch immer weiter zurückzieht und den Kontakt zu den Kollegen meidet. Dies verstärkt den Ärger auf der Seite der Betroffenen – ein Kreislauf aus Rückzug, Unzufriedenheit und Vorwurf beginnt. Als der Unfrieden zu groß wird, entsteht die Idee, Supervision in Anspruch zu nehmen.

Nicht alle Rollenkonflikte sind auflösbar. Ihrer gewahr zu werden, kann jedoch helfen, bewusster zu entscheiden, wie ich mit ihnen umgehen möchte. Für Frau H. geht es darum, aus dem Rückzug in eine proaktive Kommunikation zu kommen. Im Kontakt mit der Pflegedienstleitung gilt es zu benennen, dass sie in ihrer organisationalen Rolle etwas verantworten muss, was sie professionell nicht beziehungsweise nicht auf Dauer verantworten kann. Im Kontakt mit den Mitarbeitenden gilt es zu lernen, dass sie sich als Privatmensch nicht distanzieren muss, wenn sie in ihrer Organisationsrolle Zumutungen setzt.

Innere Rollenkonflikte und organisationale Zerreißproben müssen nicht allein ausgehalten und ausbalanciert werden. Auch wenn die Führungskraft als zentrale Entscheidungsinstanz in herausgehobener Verantwortung steht, kann es Sinn machen, unauflösbare Zwickmühlen im Team zu reflektieren und gemeinsam zu verantworten.

Frau H. bespricht im Team, wie der Umgang mit personeller Unterbesetzung am besten gestaltet werden kann. Die Beantwortung der Frage »Wie wollen wir mit Engpasssituationen umgehen?« wird zu einer Gemeinschaftsleistung. Es werden sowohl sprachliche als auch inhaltliche Spielregeln erarbeitet. Wenn jemand im Frei angerufen wird, gibt es dafür gute Gründe. Ebenso kann es gute Gründe dafür geben, nicht einspringen zu können oder wollen. Vereinbart wird, dass der Angefragte einfach »ja« oder »nein« sagt, ohne sich zu rechtfertigen oder zu erklären. Auch die Anruferin muss sich weder entschuldigen noch erklären. Eine zweite Spielregel betrifft den Umgang mit der personellen Besetzung in der Schicht. Frau H. und ihr Team entwickeln eine Positivliste von Tätigkeiten, die im Fall der Unterbesetzung definiert, was vorrangig zu tun ist und was »liegen bleibt«. Die bisher heilige Regel, der Folgeschicht »reinen Tisch« zu hinterlassen, wird für diese Ausnahmesituationen explizit ausgesetzt. Schließlich entwickelt das Team auch eine generelle Spielregel zum Umgang mit der Nachricht »Wir sind unterbesetzt.« Gewünscht wird eine Erlaubnis für Unmutsäußerungen, die jedoch nicht persönlich genommen werden sollen (»Sagen dürfen, was scheiße ist«) – gefolgt von einem gewissen Pragmatismus (»Packen wir es an«).

3 Prozesse – Worauf wir uns verlassen können

Multiprofessionelle Teams fokussieren oft unterschiedliche Ausschnitte derselben Aufgabe, brauchen aber dennoch den Bezug zum größeren Ganzen, um nicht mit vollem Einsatz lokale Subsystemoptimierung zu betreiben, die das gemeinsame Ziel verfehlt. Das Team ist ein Ort, an dem jeder seine Aufgabe hervorragend erledigen kann – solange die einzelnen Beiträge nicht aufeinander abgestimmt sind, bleibt das Ergebnis unbefriedigend.

Dieses Ineinandergreifen von Aufgaben, Abläufen und Informationsflüssen lässt sich, wunderbar vereinfacht, in bewegten Skulpturen überprüfen (vgl. auch Simulationen in Kapitel III). »Wie läuft das hier, wenn ich mich bei Ihnen im Sekretariat zu einem Termin anmelde? Wie geht es dann mit mir weiter? Wer macht was, wann, wie, womit?« Indem das Team den Prozess als lebendiges Flussdiagramm nachvollzieht, wird oft schnell deutlich, welche Lücken und Schnittstellenprobleme den Arbeitsfluss unterbrechen. Gleichzeitig können mithilfe der Prozessskulpturen auch neue Perspektiven angeregt werden: »Wie fühlt es sich an, wenn ich als Kunde, Patient, Kollegin der Nachbarabteilung auf diese Abläufe treffe? Welche Bedürfnisse und Eindrücke zeigen sich aus dieser Perspektive?« Beratende sollten sich nicht scheuen, gemeinsam solche vereinfachten Ablaufskizzen dreidimensional zu entwickeln. Fast immer entstehen durch die Außenperspektive bereits wertvolle neue Informationen beziehungsweise Anlässe, genauer nachzufragen.

Um formale Prozessvorgaben herum entwickeln sich Alltagspraktiken, die zumindest in der Logik der Subsysteme hinreichend gut funktionieren. Der Status quo, so defizitär er erscheinen mag, stellt immer auch ein »lokales Optimum« dar (»So funktioniert es im Geflecht unterschiedlichster Interessen hinreichend gut«), das erst dann fragwürdig wird, wenn die gewünschten Ergebnisse ausbleiben oder Konflikte überschwellig werden. Oft ist es auch Feedback von außen (»... die dritte Beschwerde diesen Monat ...«), das die Notwendigkeit einer Überarbeitung sichtbar macht. In der Auseinandersetzung mit solchen Prozessfragen bewährt sich die systemische Grundhaltung »Probleme sind Lösungsversuche«. In bestehende Abläufe zu intervenieren, setzt voraus, ihre bisherige Funktionalität verstanden zu haben.

Fallbeispiel
In einer Beratungsstelle für Lernschwächen steht das Thema »Elternarbeit« auf dem Programm. Bis dato werden Elterngespräche individuell anberaumt, in manchen Fällen kommt es zu einer intensiven Begleitung, in anderen treten Eltern nur in der Bring- und Holsituation in Erscheinung. Das Team wünscht sich »mehr Einheitlichkeit im Vorgehen«. Auf die Frage, warum dies genau jetzt notwendig wird, wird ein Fall herangezogen, bei dem Eltern wenig Bereitschaft zur Mitarbeit zeigen. Hier wäre es wichtig und hilfreich gewesen, auf ein »standardisiertes Vorgehen« verweisen zu können. Im Versuch, einheitliche Prozesse zu definieren, wird schnell deutlich: Auch diese haben ihren Preis. Die eine oder andere möchte gar nicht so intensiv in die Elternarbeit einsteigen, ab und an scheint es den Prozess auch eher zu bremsen beziehungsweise gar nicht nötig. Die Sitzung beginnt sich im Kreis zu drehen. Der Supervisor lädt deshalb dazu ein, einen Schritt zurückzutreten und zunächst zu reflektieren: Für welches Problem ist die individualisierte Handhabung der Elternarbeit die Lösung gewesen? Als alle guten Gründe für den Status quo im Raum sind, wird neu abgewogen: Ist es uns der Ärger mit Familie X tatsächlich wert, die Vorzüge des Bisherigen aufzugeben? Ist der Mehrwert einer Vereinheitlichung tatsächlich groß genug?

Eine genauere schriftliche Definition von Arbeitsprozessen ist meist zeitintensive Sisyphusarbeit. Erscheint sie unerlässlich, bewährt sich Vorarbeit in jeweils klar mandatierten Arbeitsgruppen, die ihre Ergebnisse in mehreren Feedbackschleifen dem Team vorstellen und überarbeiten. Jede Klärung von Arbeitsprozessen sollte dabei im Bewusstsein erfolgen, dass diese die Welt nicht bis ins Detail abbilden und regeln können. Oft starten die Versuche, Abläufe zu vereinheitlichen hochmotiviert, der Anspruch, mit Standards *alle* Probleme zu lösen, ist jedoch zum Scheitern verurteilt. Da jeder neue Standard nicht nur Lösung, sondern auch Mehraufwand ist oder Folgeprobleme aufwirft, droht eine unergiebige detaillierte Regelungswut (»Dann müssten wir ja eigentlich auch noch X definieren ...«), die schließlich in einem erschöpften »Dann lassen wir es halt, wie es ist« mündet. So wichtig die Vereinheitlichung von Abläufen und die Einführung klarer Regeln also sein mögen, sie erlösen das System nicht vom Umgang mit unvermeidlichen Unschärfen, Ungeklärtem, Nichtgeregeltem. Die Frage »Wie kommunizieren wir rund um das, was ab und an fragwürdig, unscharf oder mühevoll ist?« ist daher oft ergiebiger als der Versuch, sich diese Abstimmung durch eindeutige Prozesse zu ersparen. Für Prozessfragen gilt einmal mehr: Relevanz vor Vollständigkeit. Und relevant ist, was den Kern der Geschäftstätigkeit wiederkehrend berührt oder Bereiche betrifft, in denen Fehler einfach nicht passieren dürfen (vgl. Kapitel I, »Konditionalprogramme«).

Teil der Arbeitsprozesse ist auch die Frage nach dem allerorts immer wieder gefährlich ausgetrockneten »Informationsfluss.« Aussagen wie »Ich wurde wieder nicht informiert!« und »Wir haben zu wenig Zeit für Austausch« untermauern, dass in Kommunikationssystemen nichts geht, wenn es an Kommunikation mangelt. Wenig überraschend zeichnen sich leistungsstarke Teams unter anderem dadurch aus, dass sie einander proaktiv Information zukommen lassen, die für die jeweils andere Person vermutete Relevanz besitzt. »Das könnte interessant/wichtig für dich sein« ist ein Satz, der Verbindung stiftet und Zusammenarbeit wahrscheinlicher macht.

Gleichzeitig gilt: Wie die Klage über zu wenig Wertschätzung sind auch subjektive Informationsdefizite schwer widerlegbar. Sie schaffen eine Legitimation für den eigenen Ärger und kommen häufig in einer Anspruchshaltung daher, die das Nehmen stärker gewichtet als das Geben. Die Forderung »Ich will besser informiert werden« sollte daher als Berater nicht sofort eins zu eins zu übernommen werden. Die Frage, die Teams klären müssen, ist nicht, ob es gut wäre, »wenn alle über für sie relevante Dinge jederzeit informiert sind«, sondern vielmehr: Wieviel ist »good enough«? Welchen Invest kann und will das Team in die Qualität der Informationsprozesse stecken? Was sind uns Informationsflüsse wert an Zeit und Energie, die nicht für unsere Kernaufgaben zur Verfügung stehen? Und welche Informationen obliegen einer Hol-, welche einer Bringschuld? Gerade die letzte Frage kann die Klage über zu wenig Information konstruktiv unterbrechen. Als Beispiel sei das Konzept der Systemischen Übergabe genannt (Mason, 2000), bei dem die Schichtübergabe nicht mit dem Bericht der *gehenden*, sondern mit den Fragen der *nachfolgenden* Schicht beginnt.

4 Werte in der Zusammenarbeit – Wer wollen wir miteinander sein?

In den meisten Arbeitskontexten suchen wir uns die Kolleginnen und Kollegen nicht persönlich aus. Berufliche Zwangs- und Zweckehen enden vermutlich nur in Ausnahmefällen in großer Zuneigung. Im Team ist daher mangelnde Sympathie nicht zwingend ein Anlass zur Intervention. Man muss sich nicht mögen – es ist weder erforderlich noch per se erstrebenswert. Übermäßiges Harmoniestreben kann sogar notwendige Auseinandersetzung verhindern. Die Normalisierung der Tatsache, »dass wir uns nicht lieben müssen«, dass stilistische Unterschiede normal und erlaubt sind, schafft Raum für die Frage »Wie sieht ein respektvoller Umgang mit unserer Verschiedenheit aus?«.

Auch das Fehlen des vielbeschworenen »Teamgefühls« muss nicht zwingend als »Teamversagen« verbucht werden. In manchen Kontexten ist unmittelbar ersichtlich, dass erfolgreiche Aufgabenbearbeitung auf enge Zusammenarbeit angewiesen ist – Fußballmannschaften, OP-Teams oder eng verzahnte Produktionsteams sind klassische Beispiele. In Branchen und Kontexten, in denen es auf eine hohe Einzelexpertise ankommt oder in denen Kernaufgaben durch einzelne Personen weitgehend unabhängig ausgeübt werden können, ist das Verständnis von »Zusammenarbeit« weit weniger offensichtlich (z. B. im Hochschul- oder Schulwesen, in Beratungsstellen). Dann ist zu klären: In welchem Ausmaß wollen wir zusammen auftreten, arbeiten, uns austauschen? Und welchen Mehrwert erhoffen wir uns davon? Ohne diesen Mehrwehrt bleibt die Kooperation ein »Nice-to-have« – andere Dinge werden erwartbar wichtiger sein.

Fallbeispiel
»Wir sind gar kein Team«, beklagen die Mitarbeiterinnen der internen Beratung eines Unternehmens. Zwar finden regelmäßig Teambesprechungen und -supervisionen statt, ein richtiges Wir-Gefühl stellt sich aber nicht ein. In der Supervision explorieren wir zunächst die mit dem Teambegriff verbundenen Erwartungen: »Woran würden wir erkennen, dass wir ein Team sind?« Gleichzeitig lädt die Supervisorin dazu ein, diese kritisch zu hinterfragen: »In der Regel macht es dann Sinn, von einem Team zu sprechen, wenn man einander für die Bewältigung der wesentlichen Aufgaben braucht, wenn es also ein geteiltes Ziel gibt, auf das nur gemeinsam sinnvoll hingearbeitet werden kann. Wie ist das bei Ihnen, wofür brauchen Sie einander unbedingt?« Es wird deutlich, dass das »Team« in nur sehr wenigen Bereichen aufeinander angewiesen ist. Alltagspraktisch ist man wohl eher eine Gruppe als ein Team. Ein Teil des erlebten Nebeneinanders liegt in der Natur der Sache und ist nicht auf mangelndes Interesse der Beteiligten zurückzuführen. Aufbauend auf dieser Klärung werden dann Bereiche erkundet, in denen eine engere Zusammenarbeit tatsächlich Mehrwert stiftet.

Edding und Schattenhofer (2020) schlagen zur Einschätzung des aufeinander Angewiesenseins den Begriff »teamig« vor. Abbildung 11 fasst die Dimensionen zusammen, anhand derer die Autor:innen einschätzen, ob eine Gruppe von Menschen in einer Organisation als Team fungieren muss und daher der Teampflege bedarf. Je weiter »rechts« eine Gruppe auf den abgebildeten Skalen einzuordnen ist, desto »teamiger« ist sie. Die Kategorien helfen dabei, folgende Fragen differenziert zu erkunden:

1. Wofür brauchen wir *einander?* Wofür brauchen wir ein *Zusammenwirken* im Dienste der Aufgabe?
2. Und daraus abgeleitet: Welche Art und Intensität von Zusammenarbeit brauchen wir?
3. Wie wichtig ist es, sich im Dienste der Kernaufgabe auch nach außen als eine gemeinsame Einheit zu zeigen (z. B. gemeinsames Auftreten nach außen, einheitliches Vorgehen in wichtigen operativen Fragen, interne Abstimmung zu strategischen oder mikropolitisch bedeutsamen Themen)?

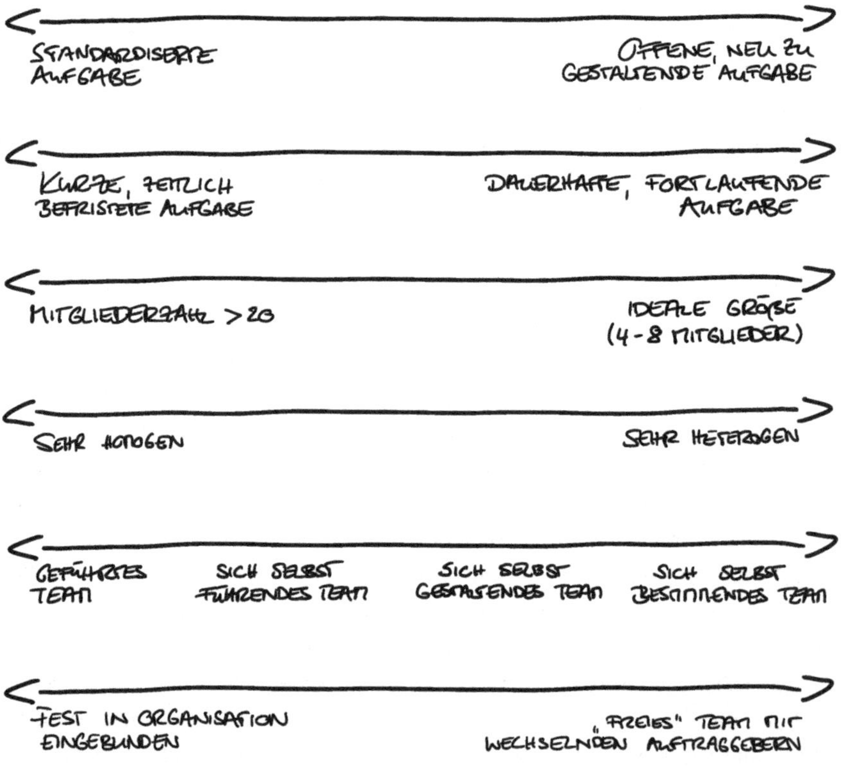

<-->
STANDARDISIERTE AUFGABE — OFFENE, NEU ZU GESTALTENDE AUFGABE

<-->
KURZE, ZEITLICH BEFRISTETE AUFGABE — DAUERHAFTE, FORTLAUFENDE AUFGABE

<-->
MITGLIEDERZAHL > 20 — IDEALE GRÖSSE (4-8 MITGLIEDER)

<-->
SEHR HOMOGEN — SEHR HETEROGEN

<-->
GEFÜHRTES TEAM — SICH SELBST FÜHRENDES TEAM — SICH SELBST GESTALTENDES TEAM — SICH SELBST BESTIMMENDES TEAM

<-->
FEST IN ORGANISATION EINGEBUNDEN — „FREIES" TEAM MIT WECHSELNDEN AUFTRAGGEBERN

Abbildung 11: Wie »teamig« ist Ihr Team?

Machen die Antworten deutlich, dass mehr Kooperation gefordert ist, empfehlen sich ressourcenorientierte Einstiege. In den allermeisten Fällen bietet die Teamgeschichte selbst einen Fundus an wertvollen Mustern des Gelingens. Hierzu laden wir Teammitglieder ein, einander von Momenten zu erzählen, in denen sie besonders zufrieden oder gar stolz waren, Teil des Teams zu sein (vgl. hierzu auch die Literatur zu »Appreciative Inquiry«, z. B. Cooperrider, 2021). Im nächsten Schritt befragen wir diese Geschichten auf ihren Identitätsgehalt hin (White, 2021): Was zeigt sich in diesen Situationen über uns? Was erzählen diese Erfahrungen über unsere Wichtigkeiten und Kompetenzen? Für welche wichtigen Werte und Sinnquellen sind sie ein gutes Beispiel? Was sagt es über uns, dass es uns gelungen ist, diese Erfahrungen miteinander zu kreieren?

Sollte das Team über wenig gemeinsame Geschichte verfügen, ist die Arbeit an Zielen (vgl. den Abschnitt über Ziele am Beginn dieses Kapitels) ein guter Einstieg in die Werte- und Beziehungsarbeit. Vertiefend hat sich die Erstellung von »persönlichen Gebrauchsanweisungen« bewährt. Hierzu entwickeln alle Teammitglieder Selbstbeschreibungen entlang zuvor ausgewählter Fragen, wie zum Beispiel:
- Wofür ich besonders gern angefragt werde, was man von mir gut und gerne haben kann;
- Was mir im Miteinander besonders wichtig ist und wie man mich auf die Palme bringen kann;
- Was mir in Bezug auf Konflikte und Meinungsverschiedenheiten besonders wichtig ist;
- Woran man mir anmerken kann, dass ich gestresst bin, mich ärgere, und was mir dann am meisten hilft;
- Worin ich manchmal missverstanden werde.

Im Anschluss werden die Gebrauchsanweisungen reihum vorgestellt und die Kollegen dürfen ihre Erfahrungen und Fragen ergänzen (»Ich habe dich auch schon so erlebt ... und da schien mir ... hilfreich. Ist das so?«).

Werte in der Beziehungsgestaltung können zudem ergiebig mithilfe von Bildern und Metaphern adressiert werden. Bilder (s. Abbildung 12) bilden auch emotionale Themen komplexitätsreduziert ab und machen sie besprechbar, ohne dass in den konkreten Einzelfall eingestiegen werden muss. Die Bildersprache wirkt oft intensiver und nachhaltiger als Worte, sie kann in ihrer Mehrdeutigkeit aber auch verletzen oder verunsichern. Wer Bilder zeichnen lässt, sollte daher immer Raum für die dadurch ausgelösten Fragen und Bedeutungsgebungen schaffen. Folgender Fahrplan mag als Inspiration dienen:

1. Je nach Gruppengröße werden Einzelne oder Kleingruppen aufgefordert, ein Bild für die gegenwärtige Zusammenarbeit (»Ist-Situation«) zu malen und ein zweites für eine mögliche und bessere Zukunft (»wünschenswert und uns zuzutrauen«).
2. Im Anschluss werden die Bilder in einem »Gallery Walk« ausgestellt. Die Teamkolleginnen spekulieren darüber, was das jeweilige Künstlerkollektiv den Betrachtenden damit sagen wollte. Direkt im Anschluss gibt es zu jedem Werk ein *meet the artist,* und dies legt offen, welche Intentionen die Kunstschaffenden damit verfolgt haben.
3. Im Anschluss werden plenar zentrale Gemeinsamkeiten der Bilder gesammelt und relevante Unterschiede markiert.
4. Ausgehend hiervon werden Ansatzpunkte für das weitere Vorgehen erarbeitet: Welche konkreten Schritte könnten uns helfen, uns der Zielvorstellung zu nähern? Wer kann welchen Beitrag dazu leisten?

Abbildung 12: Bilder eines Teams als Antwort auf die Frage »Was wünschen wir uns zukünftig für unser Miteinander?«

Das analoge Vorgehen erlaubt es, sich Schritt für Schritt an relevante Fragen ranzutasten. Noch wenig miteinander vertraute Teams oder Kolleginnen, die sich in Jahren der Zusammenarbeit zur Vorsicht erzogen haben, profitieren daher von dieser Methode. Der Medienwechsel schafft zudem einen Atmosphärenwechsel. Als »Künstler« ist es für die meisten leichter, Humor und Distanz zu gewinnen. Selbstbeobachtungen und die Identifikation gemeinsamer Schnittmengen werden wieder möglich.

Zielvorstellungen des Miteinanders zu entwickeln ist das eine, die Werte in der Praxis zu leben das andere. Um wichtige Werte aufrechtzuerhalten, braucht es Beobachtungs- und Feedbackrituale, die Fremd- und Selbsteinschätzungen kombinieren. So kann das Team eingeladen werden, auf je einem Flipchart für jedes Teammitglied festzuhalten, wofür X im Team professionell und persönlich geschätzt wird. Und welchem zarten Pflänzchen man bei X noch weiteres Wachstum wünscht. Im Anschluss werden die Flipcharts pro Mitarbeiter vorgestellt. Jede legt offen, worin sie sich angenehm erkannt und worin missverstanden fühlt. Jeder darf sich zu eigenen Grenzen bekennen (»So bin und bleibe ich wohl«) und eigene Entwicklungswünsche teilen (»Da dürft ihr euch auf kleine Veränderungen weiterhin freuen – und könntet mich gegebenenfalls auf folgende Weise sogar unterstützen ...«).

VI Die Kommunikationsmuster im Fokus – (Wie) Reden wir miteinander?

Begreifen wir Teams als Kommunikationssysteme, wird sofort deutlich: Die Frage, wie Teams miteinander sprechen, bestimmt wesentlich, was miteinander möglich wird. Die Grenzen der Kommunikation sind auch hier einmal mehr die Grenzen der Welt. Für die Begleitung von Teams bedeutet dies, die Muster des kommunikativen Tanzes immer wieder neu beobachtbar zu machen, um zieldienliche Musterunterbrechungen anzuregen. Teamentwicklung ist vorrangig Kommunikationsentwicklung. Sie befähigt das Team dazu, im Dienst seiner Aufgabe besser miteinander ins Gespräch zu kommen.

Dafür verabschieden wir uns zumindest temporär von den Inhalten des Besprochenen. Es geht nicht mehr darum, *was* zu tun ist, sondern um die Frage, *wie* wir über das *sprechen,* was zu tun ist. Wir heißen alle Beteiligten herzlich willkommen auf der Metaebene! Der Anteil an Metakommunikation wird in Abhängigkeit vom jeweiligen Beratungsauftrag und -format variieren. Geht es eher um eine ergebnisorientierte Moderation oder um eine reflexionsorientierte Supervision? Handelt es sich bei dem Team um eine kleine Gruppe im Plenumsformat oder eine Großgruppe, die Kleingruppenformate erlaubt beziehungsweise benötigt? Unsere Beobachtungen als Beratende (Beratungssystem) dürfen dabei nicht mit der eigentlichen Teamkommunikation (Heimatsystem) verwechselt werden. Die Wahl der Methoden kreiert kommunikative Artefakte – wer zuvor vertraut in Kleingruppen diskutiert, dem fällt die Fortsetzung im Plenum eventuell etwas schwerer, ein Zögern zu Beginn muss daher nicht überinterpretiert werden. Bleibt es jedoch und wirkt hinderlich, ist es möglicherweise ein spannendes Indiz, das metakommunikativ befragt werden kann: »Im Moment erlebe ich Sie so zögerlich miteinander, helfen Sie mir mal, das einzuordnen. Ist das Tagesform, hat das was mit mir zu tun oder kennen Sie das von sich, wenn sie mit der kompletten Mannschaft zusammenkommen?«

Im Folgenden skizzieren wir typische Indikatoren für derartige »Pausen vom Inhalt«, in denen wir den Ebenenwechsel zum »Wie sprechen wir miteinander?« als besonders produktiv erleben.

1 Alle reden, nur nicht vom Gleichen

Damit Schallwellen Kommunikation und nicht einfach nur Rauschen sind, muss ein dreifacher Selektionsprozess stattfinden (Luhmann, 1984). Eine *Information* im Sinne eines Unterschieds, der einen Unterschied macht, wird als *Mitteilung* ausgewählt. Auf diese Mitteilung folgt eine Form des *Verstehens*. Ein Herrchen pfeift, der Hund hört auf und kommt zurück. Betrachten wir das Pfeifen als für den Hund wahrnehmbaren Unterschied und sein Aufhorchen als Zeichen der Mitteilung an sich, können wir das Zurückkommen als Verstehen dieser Mitteilung interpretieren. Auch wenn Herrchen eigentlich nur wollte, dass der Hund wartet, aber auch Missverstehen ist eben Verstehen. Und so können mit dem Alter schwerer hörende Paare wunderbar miteinander kommunizieren (»Was die Kinder wohl jetzt machen?« »Ja ja, Indien wäre schon mal eine Reise wert gewesen.« »Die Kinder sind immer eine Reise wert.« »Eben. Ein tolles Land.«), so lange dem, was passiert, eine dreifache Selektion von Information, Mitteilung und Verstehen unterstellt werden kann.

In diesem Verständnis von Kommunikation gilt Verstehen als unwahrscheinlicher als wir üblicherweise annehmen. Wir reden selten vom Gleichen, auch wenn wir meinen, vom Selben zu reden. So gibt es beispielsweise Cartoons, die dieses Realitäts- und Kommunikationsverständnis verdeutlichen: In diesen wird ein Elefant von Menschen mit verbundenen Augen an unterschiedlichen Stellen berührt. Während die eine fest überzeugt ist, dass ein Elefant sich anfühlt »wie eine Schlange«, beschreibt der nächste »eine große raue Fläche« und die Dritte »flache Wedel«. Der Elefant »ist« all diese Perspektiven und noch einige mehr. Diese Perspektivenvielfalt im Team ist eine Ressource, die allen immer wieder viel abverlangt, und gleichzeitig die einzige Chance, zu treffenden Beschreibungen der handlungsrelevanten Wirklichkeit zu kommen.

Um diese theoretische Erkenntnis praktisch erfahrbar zu machen, lässt sich eine einfache Assoziationsübung nutzen. Alle Teilnehmenden werden gebeten, exakt zehn Assoziationen zu einem sehr einfachen Begriff, zum Beispiel »Sonne«, aufzuschreiben, ohne diese laut zu nennen. Anschließend notieren die Teilnehmenden eine Zahl: Wie viele übereinstimmende Assoziationen zur Sonne vermuten sie in der Gruppe? Wie viel Prozent ihrer jeweiligen Antworten sind identisch? Im möglichen Antwortspektrum zwischen null und zehn identischen Antworten schätzen die meisten Teilnehmenden, dass mehr als die Hälfte der Assoziationen gleich sein werden – nicht selten geben »besonders Optimistische« sieben bis acht gemeinsame Assoziationen an, selbst pessimistischere oder vorsichtige Einschätzungen liegen mindestens bei zwei bis drei identischen Assoziationen. Lüftet man das Ergebnis, indem ein zufällig ausgewählter Teilnehmender seine Assoziationen vorliest und andere sich dann melden, wenn sie diese notiert beziehungsweise nicht notiert haben, ergibt sich fast immer dasselbe verblüffende Bild: Es sind zumeist null identische Assoziationen (bei größeren Gruppen können es manchmal auch ein oder zwei sein, mehr sind es in der Regel nicht). Selbst vermeintlich naheliegende Assoziationen wie im Fall der Sonne (»gelb, rund, heiß«) werden nur sehr selten von allen assoziiert. Diese Erkenntnis löst meistens große Verwunderung in Teams aus: Wie kann es sein, dass es so wenige identische Assoziationen zu einer vermeintlich leicht beschreibbaren Sache wie der Sonne gibt? Wie kommt es, dass wir die Zahl der gemeinsamen Assoziationen so sehr überschätzen? Und was bedeutet dies im Hinblick auf viel komplexere Konstrukte, über die wir in der Teamberatung sprechen, zum Beispiel Konzeptentwicklung, Zusammenhalt, Vereinheitlichungen und so weiter?

Interessant ist, was Teams aus dieser Reflexion ableiten – häufig wird zunächst geäußert, dass Begriffe viel präziser definiert werden müssen. In der weiteren Diskussion kann jedoch auch deutlich werden, dass es ausreicht, das Gesagte als weniger selbstverständlich anzusehen und stärker vom »Zuhörenden« her zu denken. Ab und an wird »Sonne« zu einem Codewort in zukünftigen Besprechungen, wenn zumindest für Einzelne ersichtlich ist, dass es zu Missverständnissen im Zusammenhang mit Begriffsverwendungen kommt.

2 Alle sprechen, aber keiner bezieht sich

Fallbeispiel

In der Moderation eines Teamtages geht es nur mühsam vom Fleck. Trotz klarer Agenda und zumindest vordergründiger Einigkeit erinnert das Team die Moderatorin in der Art der Diskussion doch eher an ein Assoziations- als ein Entscheidungssystem. Die Mitglieder tragen ihre Punkte vor, nehmen jedoch keinerlei Bezug auf ihre Vorrednerinnen. Der Diskurs erscheint schlagwortgesteuert und politisch werbend. Ein gemeinsames Ringen um die beste Lösung ist nicht erkennbar. Diese Beobachtung veranlasst die Beraterin, eine Musterunterbrechung anzubieten: »Ich möchte Sie bitten, in der nächsten halben Stunde etwas Ungewöhnliches zu tun. Während wir uns der Frage widmen, wie Sie mit Personalengpässen in den nächsten sechs Monaten umgehen wollen, bitte ich Sie, die Augen geschlossen zu halten. Wir diskutieren also weiter, ohne einander zu sehen. Gleichzeitig möchte ich eine Regel ausgeben: Wer immer etwas sagt, stellt in seinem Beitrag einen Bezug zum Vorredner her«.

Die sich nun anschließende Diskussion unterscheidet sich deutlich von der vorherigen. Durch die geschlossenen Augen werden die Teilnehmenden eingeladen, genauer hinzuhören und weniger reflexhaft (»Ich weiß schon, was sie denkt ...«) zu agieren.

Durch das Anschlussgebot wird das Denken auf das fokussiert, was verbindet. Aus dem bezugslosen Nebeneinander unterschiedlicher Meinungen und Perspektiven wird ein Dialog (Bohm, 2021). Nicht alles ist lösbar, aber die Qualität der Kommunikation macht erfahrbar: Wir teilen eine schwierige Situation und fühlen uns miteinander verantwortlich für den Umgang damit.

Die dargestellte Intervention verdankt ihre Wirkung wesentlich der Verlangsamung. Ohne sie ist der Assoziationszug kaum aufzuhalten. Bei Teams, die sich nur schwer aufeinander beziehen können, sind Verfremdungen (Augen geschlossen, ein Kommunikationsfaden in Form eines Wollknäuels, der weitergereicht wird, ein Redestab etc.) hilfreich, wenn auch zunächst einschränkend. Anders als in der Schule wird in der Teamberatung damit kein pädagogisches Ziel verfolgt (»Wir lassen uns ausreden«). Ziel ist hingegen, zu einer neuen Art der Gesprächserfahrung einzuladen, die im Anschluss evaluiert werden kann (»Ich fand den Faden gut, da sah man auf einmal, wer alles nix sagt, und dann haben die doch was gesagt.« »Und war das dann besser als normal?« »Ja schon. Jetzt wissen wir, wo wer steht und inwieweit wir alle im Boot sind. Damit kann ich besser.«).

Sollen die Regeln des sich Beziehens über das Beratungssystem hinaus Bestand haben, lohnt es sich, sie mithilfe von Artefakten zu verankern. So hat sich beispielsweise ein Team selbst eine »Klage-Diät« verschrieben: »Wir wollen mehr auf das schauen, was uns gelingt«. Um diese im Alltag umzusetzen, trägt jedes Mitglied ein Armband. Wenn einfach unproduktiv dahingeklagt wird, fordern sich alle Beteiligten auf, das Armband abzunehmen und es am anderen Handgelenk anzulegen. Von Heidi Neumann-Wirsig (2022) stammt die schöne Idee der *Ressourcensteine*. Hierfür kreisen drei Steine im Team, die immer den Besitzer wechseln, wenn ein Kompliment, ein Dank, eine Anerkennung ausgesprochen werden (»Du hast mir in der Fallbesprechung eine hilfreiche Frage gestellt, danke dafür!«). Steine bei sich zu tragen, heißt aufmerksam zu sein für kleine (!) Anlässe, sie weiterzureichen.

Wie bei jeder Methode steht die Passung zum Klientensystem im Vordergrund. Die Spielregeln sind genau zu besprechen: Wann beginnt, wann endet das Experiment? Was bedeutet es, keinen Stein abzubekommen? Bedeutet es überhaupt etwas? Was erhoffen wir uns bei diesem Experiment? Worauf wollen wir achten? Ist das Team dabei, hält mit dem Artefakt das Spiel Einzug. Ein lustvolles Sich-selbst-auf-die-Schliche-kommen kann seine Kraft entfalten. Bietet sich kein Artefakt an, können vom Team bestimmte Mitglieder einen passenden Beobachtungsauftrag bekommen: »Wer beobachtet bis zum nächsten Mal, inwiefern uns gelingt, was wir uns vornehmen, und stellt uns beim nächsten Mal ein heiteres Scheitern wie unverhoffte Erfolge vor?«

Exkurs: Der Dialog nach David Bohm

Der Physiker David Bohm hat aufbauend auf den Arbeiten von Buber, Rogers und anderen bereits 1998 wesentliche Qualitäten eines gelingenden Gesprächs formuliert und hierzu einen Dialogprozess beschrieben, der hilfreiche Musterunterbrechungen zu gewohnten Formen des sich Beziehens eröffnet.

Für Bohm setzt ein Dialog voraus, den Gesprächsfluss so zu verlangsamen, dass es möglich wird, eine Beobachterposition gegenüber eigenen Denkgewohnheiten und Bewertungsprozessen einzunehmen (sich selbst beim Denken zuschauen, ohne mit den Gedanken und Bewertungen identisch zu werden). Die eigenen Denkprozesse in der Schwebe zu halten ermöglicht es wiederum, aus reflektorischen Antworten herauszutreten und dem anderen wirklich zuzuhören. *Zuhören* bedeutet dabei für Bohm weit mehr, als nur den Inhalt des Gesagten zu erfassen. Es bedeutet, die eigene Wahrnehmung vollumfänglich auf die andere Person auszurichten. Es gilt, Tonfall, Mimik, Gestik, Emotionalität zu erfassen und – vor allem! – in einer Haltung zuzuhören, die unterstellt: In den Worten des anderen entfaltet sich ein Teil der Wirklichkeit, in der wir uns befinden. Es ist ein Ausschnitt einer Wahrheit, den auch ich potenziell vertreten oder verkörpern könnte. Der andere sieht und empfindet etwas, was es potenziell auch in mir gibt. Zuzuhören mit dieser verbindenden Grundunterstellung entfaltet eine gänzlich andere Bezogenheit. Bohm geht noch einen Schritt darüber hinaus und lädt dazu ein, das achtsame Zuhören auf die Gruppe als Ganzes auszudehnen. Was tun wir gerade miteinander? Welche Atmosphäre erzeugen wir? Wie ändert sich das Ganze, wenn eine etwas sagt? Welche Art des *Sprechens* ist dem Dialog zuträglich?

Bohm regt an, alle automatisierten Reflexe wahrzunehmen, sie auszusetzen und in eine erforschende Frage umzuwandeln (»inquiry« von lat. »inquaerere«= dt. »im Innern suchen«). Im Dialog zu sprechen heißt, sich selbst wie die Gruppe auf seine Wahrnehmungen, Annahmen und Muster hin zu befragen. Gesprochen wird meist nicht direkt miteinander, sondern das erkundende Sprechen richtet sich in die Raummitte, wo die Perspektiven, Empfindungen und Fragen für alle sichtbar werden. Rollen- und Status-Unterschiede werden dabei für die Dauer des Dialogs explizit aufgehoben.

Ein solcher Dialog setzt einen festen Rahmen voraus, zu dem ein klarer Anfangs- und Endpunkt wie auch eine gegenseitige Verbindlichkeit gegenüber dem Format gehören: Wir wollen diese Art des miteinander Redens ausprobieren. Ein Dialog im Bohm'schen Sinne ist dabei in der Regel nicht themenspezifisch, sondern generativ: Es gibt weder einen vorgegebenen Fokus noch eine vorab definierte Zielsetzung oder Ergebniserwartung. Ab und an liegen gerade in dieser grundlegenden Offenheit und Verlangsamung hilfreiche Musterunterbrechungen.

3 Alle sprechen, aber immer vom Selben

So wie jedes Team einzigartige Kompetenzen in der Bewältigung alltäglicher Herausforderungen entwickelt, so gibt es in den meisten Teams auch »Dauerbrenner« ungelöster Themen. Menschen stolpern bekanntlich eher über Maulwurfshügel als über Berge. Die *fortlaufenden* Schwierigkeiten betreffen daher meist scheinbare Kleinigkeiten wie das Einräumen der Spülmaschine, die angemessene Lüftungsfrequenz, die adäquate Lautstärke beim Telefonieren und Ähnliches. Im Umgang mit diesen Unzufriedenheiten können wir im Rahmen der Auftragsklärung schärfen, inwieweit diese ein sinnstiftendes Beratungsanliegen sind (»Wenn wir die nächsten 1,5 Stunden auf dieses Thema verwenden – was müsste passieren, damit Sie sagen: Das war gut investierte Zeit?«). Alternativ können wir den Fokus auf das *Wie* der Kommunikation lenken. Es handelt sich offensichtlich um ein Thema, das bislang wirkungslos besprochen wurde. Das wiederum ist spannend: »Wie kommt es, dass Sie darüber sprechen und sich daraufhin nichts ändert? Wie machen Sie das?« Fragen dieser Art offenbaren das Kommunikationsmuster der Nicht-Wirksamkeit (»In dem Moment, wo es die Freiheit von einem von uns einschränkt, hören wir immer auf und gehen unserer Wege ...« »Ah, das heißt, Sie priorisieren an dieser Stelle die Freiheit des Einzelnen höher als die Hygiene.« »Ja, so in etwa.«). Das mag bei vermeintlich banalen Themen möglich sein. Spätestens, wenn das Kommunikationsmuster auch in die Kernaufgabe des Teams hineinreicht, lohnt es sich aber, es zu überdenken (»Das kann man ja so machen. Wer sagt, dass man als Ingenieurbüro komplett keimfrei leben muss? Gibt es denn auch noch andere Bereiche, vielleicht auch das Kerngeschäft betreffend, wo es, ich sag mal, bei Ihnen ›Spülmaschinenfreiheit‹ gibt?«).

Dauerbrenner, seien sie noch so trivial, werden dann fruchtbar, wenn wir sie auf die Metaebene heben, beispielsweise mit folgenden Fragen: »Wenn wir diesem Thema Raum geben:
- Was sollten wir heute dabei tunlichst nicht wiederholen? Wie sieht das Drehbuch der Vergangenheit für einen gescheiterten Diskussionsversuch aus?
- Inwiefern ist die Nicht-Lösung dieses Problems dann vielleicht auch eine Lösung für etwas anderes? Wem oder was geben Sie durch die Nicht-Lösung momentan den Vorzug? Wofür ist es also gut, dass das Problem noch nicht gelöst wurde?
- Angenommen, Sie wollten den damit verbundenen Preis zahlen, wie müssen wir hier darüber sprechen, damit etwas Neues geschieht?«

Der Dauerbrenner könnte nicht auf Dauer brennen, wenn dahinter nicht ein Muster der Nicht-Lösung stehen würde. Dies als aktive, wenn auch nicht unbedingt absichtliche Kompetenz zu erfragen und den Gewinn der Nicht-Lösung deutlich zu machen, ist eine hilfreiche Bewegung. Anschließend wird sie wieder in eine gemeinsame Entscheidung überführt (»Wollen Sie daran etwas verändern oder kann das so bleiben, jetzt wo Sie sehen, dass es neben all den bekannten Preisen für Sie auch von Nutzen ist?«).

4 Alle sprechen, aber keiner sagt was

In vielen Fällen wird Teamberatung genau dort nötig, wo der Raum dessen, was angstfrei gesagt und gehört werden kann, zu klein gerät. Für Beratende sind dies oft mühsame Sitzungen. Fragen werden nur zögerlich und andeutungsweise beantwortet, atmosphärisch dominiert Vorsicht, keine legt sich so richtig fest. Ein von der Sozialisation noch weitgehend verschontes Kind würde der Situation guttun. Denn es würde frank und frei zum Thema machen, wovor die Erwachsenen zurückschrecken. Es würde wissen wollen, warum die Stimmung so komisch ist. Es würde wissen wollen, warum dem Chef das niemand sagt. Kurz: Es würde all die Fragen stellen, die bislang im System tabuisiert sind. Es hätte keine Angst, weil es nicht wüsste, wovor es Angst haben sollte.

Diese Form der angstbasierten Beitragshemmnis lässt sich mittels zirkulärer Fragen mindern: Hierzu werden zufällig ausgewählte Personen gebeten, Fragen zu beantworten, jedoch explizit nicht, wie sie sie persönlich einschätzen, sondern wie sie denken, dass die meisten/viele/einige/wenige es im Team erleben. Dies ist sowohl zu konfliktbezogenen Fragen möglich (z. B. »Glauben Sie, dass die meisten im Team eher optimistisch oder pessimistisch sind, was eine Konfliktlösung betrifft?«) als auch zu methodischen Fragen der Vorgehensweise (z. B. »Ich überlege als Beraterin, ob es für dieses Team besser wäre, wenn ich eine Gesprächseinheit ohne Führungskraft anbiete, da Inhalte dann möglicherweise offener benannt werden – was glauben Sie, würden die meisten im Team sich wünschen?«). Dieselbe Methode lässt sich auch zur Überprüfung von Hypothesen verwenden (»Verstanden habe ich, dass es in diesem Team verschiedene Konflikte zwischen Mitgliedern untereinander gibt, und ich frage mich, ob es sein kann, dass dies mit XYZ zu tun hat. Was denken Sie, wie sich das Team die Situation mehrheitlich erklärt? Bitte antworten Sie nicht für sich, sondern vermuten Sie, wie es im Team erlebt wird«).

Ist die Schwelle ins Gespräch noch höher, könnte es sich auch um tabuisierte Positionen handeln. Ein Tabu ist für ein Team eine beachtliche Leistung. Es wird etwas explizit nicht adressiert. Das kann nur gelingen, weil jeder weiß, dass es da was gibt, von dem man besser so tut, als gäbe es das eben nicht. Die

Dünnhäutigkeit der Chefin, die wegbrechenden Kunden, der psychisch immer labilere Kollege – all das kann nur kontinuierlich nicht besprochen werden, weil jede die eiserne Regel befolgt: Wir tun so, als ob es nicht da ist. Auch Tabus sind Ausdruck von Lösungsversuchen, die sich in der Geschichte des Systems bewährt haben. Werden die Lösungsversuche zum Problem, bietet der *Tabuzirkel* (Königswieser u. Exner, 2019) eine elegante Möglichkeit, das Tabu sowohl zu lüften als es auch zu respektieren:

1. Jede Teilnehmerin bekommt ein Kärtchen und wird eingeladen, darauf ein Tabu zu schreiben, das sie beobachtet zu haben meint und zu dem sie sich zumindest unsicher bezüglich des Besprechungsbedarfs ist (»Ich denke, in unserem Team ist es ein Tabu, dass …«). Es muss nichts aufgeschrieben werden, wenn es kein Thema gibt.
2. Jeder Teilnehmer legt seine Karte in die Mitte des Raumes. Sind alle Karten beisammen, mischt eine Teilnehmerin die Karten und übergibt den Pack an den Supervisor. Dieser achtet darauf, die Karten nicht zu lesen, da die Gruppe noch nicht darüber entschieden hat, ob diese Themen mit einem Externen besprochen werden sollen.
3. Alle Teilnehmenden bilden einen Kreis. Die Karten wandern im Kreis herum, so dass jeder jede Karte einmal lesen kann.
4. Danach werden die Karten wieder in die Mitte des Raumes zurückgelegt und die Gruppe wird gegebenenfalls in Kleingruppen eingeteilt. Dort sollen folgende Fragen diskutiert werden:
    a) Was war für mich eindrücklich/hat mich überrascht/bestätigt?
    b) Was sind die guten Gründe, weshalb wir darüber bislang noch nicht gesprochen haben?
    c) Was riskieren wir, indem wir darüber schweigen? Welche Chance verpassen wir gegebenenfalls?
    d) Gibt es ein Thema, für das wir als Gruppe jetzt Gesprächsbedarf sehen?
5. Der Supervisor fragt im Plenum zunächst nach den guten Gründen des Schweigens. Diese können auf einem Flipchart notiert werden. Sie sind wichtig, da sie gleichzeitig auch den Rahmen für die Diskussion bilden sollten, falls Gesprächsbedarf gesehen wird (»Welche Risiken und Nebenwirkungen müssen wir im Blick behalten, wenn wir etwas ändern?«). Je nach Zeit und Anzahl der Kleingruppen können die »guten Gründe« auch mittels *Fishbowl* eingeholt werden.
6. Danach fragt der Supervisor nach Tabus, die besprochen werden sollten. Diese Themen werden aufgenommen, priorisiert und anschließend bearbeitet. Oft lohnt sich der Einstieg mit der Frage »Was sollte, wenn wir jetzt darüber sprechen, nicht passieren? Wie können wir sicherstellen, dass dies nicht

passiert?« Sollte kein Gesprächsbedarf gesehen werden, heißt das nicht, dass die Intervention überflüssig war. Jeder weiß nun, was in der Gruppe noch beobachtet wird, und nicht selten kommt es auf der individuellen Ebene in der Folge zu versöhnlichen Gesten.

Erscheint der Tabuzirkel zu umfassend, kann mithilfe des *hypothetischen Erkundens* eine ähnliche Bewegung vollzogen werden (»Ich erlebe eine gewisse Vorsicht im Raum. Sicher haben Sie gute Gründe dafür. Angenommen, Sie würden hier Klartext reden und Ihre Vorsicht fallen lassen – was könnte schlimmstenfalls passieren?«). Denkbare Hinderungsgründe werden im Konjunktiv angesprochen, ohne sie als die eigenen markieren zu müssen (»Was vermuten Sie, ist die bisher diskutierte Strategie hier im Raum mehrheitsfähig? Oder denken Sie, es gibt ganz andere, bislang noch nicht geäußerte Präferenzen? Es muss nicht Ihre persönliche Überzeugung sein, aber welche Gegenargumente könnte es noch geben?«).

Abschließend verweisen wir auf die Möglichkeit, dass Schweigsamkeit ab und an auch Zustimmung und Zufriedenheit mit dem Status quo bedeuten kann. Gerade in Supervisionen, in denen Termine meist weit im Voraus vereinbart wurden, kann ein zufrieden schweigsames Team einen selbstkritischen Supervisor leicht verunsichern. Die Frage »Welche Bedeutung sollte ich Ihrem Schweigen geben? Eher Zustimmung, eher Langeweile, eher Resignation oder etwas ganz anderes?« kann hier mehr Klarheit schaffen.

5 Alle wollen reden, weil eine heute fehlt

Immer wieder kommt es in Teamsupervisionen dazu, dass Gesprächsbedarf über Abwesende angemeldet wird. Die Beraterin kommt damit in eine Zwickmühle: Auf der einen Seite ist die Abwesende das, was das Team bewegt, auf der anderen Seite hat sie keine Möglichkeit, sich zu äußern. Beratung soll ein Raum sein, in dem sich alle der Allparteilichkeit der Beraterin bewusst sind und sich darauf verlassen können. Aber beziehen wir nicht unweigerlich Position, wenn wir die Diskussion im Sinne der Anwesenden zulassen oder sie verhindern im Sinne der Abwesenden? Bewährt haben sich Fragen, die zunächst die Situation besser einordnen:
- Warum kommt das Thema jetzt, warum hier in diesem Rahmen?
- Welche Gesprächsversuche mit der abwesenden Kollegin wurden bislang unternommen?

Teamsupervision ersetzt kein Mitarbeitergespräch mit der Führungskraft. Und wenn jede Kaffeetasse, die ihren Weg nicht in die Spülmaschine gefunden hat, sofort in der Supervision wieder auftaucht, wird gegebenenfalls mit Kanonen auf »Dreckspatzen« geschossen. Wurden hingegen vom Team und dessen Leitung bereits Gesprächsversuche in konstruktiver Absicht unternommen, die aber von Rückzug, Verhärtung und Wirkungslosigkeit gezeichnet waren, besteht der legitime Wunsch, in geschütztem Rahmen einen Umgang damit zu entwickeln.

In den allermeisten Fällen schafft das Team mit dem Sprechen über Abwesende einen Präzedenzfall. Genau dies lässt sich dann methodisch nutzen:

B.: »Sie schaffen heute einen Präzedenzfall, es ist das erste Mal, zumindest in meiner Zeit hier mit Ihnen, dass über eine abwesende Person gesprochen wird. Deshalb möchte ich Sie einladen, sich einen Moment vorzustellen, heute ginge es nicht um Frau X, sondern um Sie. Sie lägen daheim im Bett, befänden sich im Urlaub oder wo auch immer, und das Team beschließt, dass es über Sie sprechen will. Wie müsste das hier heute und danach ablaufen, damit Sie sagen, das verstehe ich, dass ihr über mich sprechen musstet, und ich finde es gut, so wie ihr es gemacht habt?«

Größere Teams bearbeiten diese Frage in Kleingruppen, anschließend werden am Flipchart die Regeln für die Kommunikation über Abwesende zusammengetragen. Sie sind gleichzeitig der Strukturvorschlag für den weiteren Verlauf und definieren die Weitergabe der Information im Nachgang. So entscheiden Teams beispielsweise, dass die Abwesenden genau erfahren, was ihre Teammitglieder besprochen haben und dass diese Informationen nicht im Tribunal im Beisein aller, sondern von einer Mitarbeiterin, die die Abwesenden grundsätzlich schätzen, vorgetragen werden. Fast immer wird auch ein Raum mitgedacht, der es den Abwesenden erlaubt, ihrerseits Position zu beziehen oder Rückfragen zu äußern. Die oben aufgeführte Perspektivübernahme zu Beginn hat in der Regel einen stark disziplinierenden Effekt (»Keine kathartische Lästerrunde!«). Sie macht auch klar: Wir praktizieren einen Standard, hinter dem wir auch danach noch stehen können. Die Beratung war dann kein Raum des Verrats, sondern ein Versuch, entlang für alle geltender Leitlinien ins Miteinander zu investieren.

Die dargestellten Interventionen beziehen sich auf das »Wie?« der Kommunikation. Wichtig bleibt dabei stets die Verankerung in den Grundhaltungen der Neutralität und Neugier. Die einschränkenden Kommunikationsmuster werden nicht in der Haltung eines »Kommunikationslehrers« oder mit übertriebenem »Lüftungseifer« unterbrochen. In großem Respekt vor den bisherigen Lösungsstrategien des Teams wird hingegen dazu eingeladen, diese neugierig zu beobachten, um Wahlfreiheiten zu schaffen: Jetzt, wo wir verstehen und beschreiben können, was uns begrenzt, können wir es in eine bewusste Entscheidung für Veränderung oder auch Nicht-Veränderung überführen.

VII Restriktionen versus Probleme – vom Umgang mit dem nicht Änderbaren

B.: »Wofür wollen Sie die Zeit heute nutzen? Womit würden Sie gern am Ende unserer Sitzung rausgehen? Und was ist geworden aus den Ideen, die wir beim letzten Mal entwickelt haben?«, eröffnet die Beraterin die Supervisionssitzung eines Teams in der stationären Jugendhilfe. In der sich anschließenden Eingangsrunde entfaltet sich folgendes Bild:

M(ITARBEITER) 1: »Es ist einfach super viel alles. Wir haben gerade wieder sehr schwierige Kinder in der Gruppe. Kollegin B ist seit letzter Woche auch noch krank, ich weiß gar nicht, wie wir das schaffen sollen.«

M 2: »Mir geht's im Prinzip ähnlich. Ich bin gerade aus dem Urlaub gekommen und hatte ja gehofft, dass die Dinge geklärt sind, bis ich zurückkomme, aber jetzt haben wir immer noch die Überbelegung. Ich sehe gar nicht, wie wir den Kindern gerecht werden sollen.«

M 3: »Ehrlich gesagt, als wir letztes Mal hier raus sind, dachte ich, das ist echt eine gute Idee, wenn wir uns da anders aufteilen, aber irgendwie hat der Alltag wieder alles über den Haufen geworfen.«

L(EITUNG): »Es stimmt natürlich, was die Kollegen sagen, es war wirklich viel in letzter Zeit, aber wir können an der Belegung gerade nichts drehen. Wir können es uns nicht leisten, Kinder abzuweisen, das geht einfach nicht.«

Vielleicht kommt Ihnen so ein Beratungsauftakt vertraut vor und Sie können ihn gedanklich weiterspinnen. Die Beraterin bekommt zahlreiche Antworten, allerdings nicht unbedingt auf die von ihr gestellten Fragen. Der skizzierte Beginn steht stellvertretend für Beratungsanlässe, bei denen sich sowohl auf Seiten des Teams als auch der Beraterin nachvollziehbar Hilf- und Ratlosigkeit einstellen können. Welchen Sinn macht das alles, welchen Sinn macht Supervision unter den gegebenen Bedingungen? Was kann getan werden, um die Belastung zu verringern beziehungsweise die Dinge zum Besseren zu wenden? Kann überhaupt etwas getan werden? Für die Beraterin liegen hier eine Reihe von Rollenverführungen nahe.

1 Rollenverführungen im Umgang mit Restriktionen

Rollenverführung 1: Der Restriktions-Optimist: »Es ist, wie es ist, und nun machen wir das Beste daraus«

Gunther Schmidt (2023) verdanken wir die wichtige Unterscheidung zwischen Problemen und Restriktionen. Während Probleme durch eine prinzipiell überwindbare Ist-Soll-Diskrepanz charakterisiert sind, gilt für Restriktionen: Die Dinge sind, wie sie sind. Was gestaltbar ist, ist der Umgang mit ihnen. Ab und an lässt sich auch die Wahrscheinlichkeit dafür erhöhen, dass die Dinge vielleicht doch in Bewegung kommen – aber eben ohne Garantie auf Erfolg.

Im oben genannten Fallbeispiel stellt sich nun die Frage, ob die Belegung wie auch die Rahmenbedingungen nun eher ein Problem oder eine Restriktion sind und wer dies entscheidet. Da sich die Leitung direkt klar positioniert, spricht einiges dafür, von der Belegung als eine unveränderliche Größe auszugehen. Um auf Nummer sicher zu gehen, sollte dies jedoch immer explizit erfragt werden:

> B.: »Frau L., Sie haben benannt, dass sie keine Kinder abweisen können. Habe ich richtig verstanden, dass hier auch bei großer Belastung des Teams kein Verhandlungsspielraum besteht?«

Gleiches gilt für alle weiteren Ansatzpunkte einer strukturellen Entlastung, auch sie müssen bei Anwesenheit der Leitung direkt, ansonsten mittelbar durch die Mitarbeitenden auf den vorhandenen Spielraum hin überprüft werden.

> B.: »Frau L., wie sieht es mit den anderen Ansatzpunkten hier im Raum aus: Eine Verlegung besonders schwieriger Kinder, die Aufstockung von Personal – gibt es Dinge, wo Sie mehr Verhandlungsspielraum sehen? Und falls ja, was bräuchte es dafür von Seiten des Teams?«

Springt der Berater ohne entsprechende Klärung auf den Restriktionszug (»Was wäre der bestmögliche Umgang mit dieser Belegungssituation?«), bevor die Leitung und/oder das Team selbst die Unveränderbarkeit der Bedingungen anerkannt haben, läuft er Gefahr, für einen Anpassungsauftrag zu arbeiten, den niemand erteilt hat. Im Gespräch wird dies häufig durch zähe »Ja, aber …-Schleifen« erkennbar, in denen der Berater immer angestrengter für eine Reise wirbt, die kaum jemand antreten will. Spätestens dann, wenn alle Werbungsversuche nicht fruchten, liegt eine weitere Rollenverführung nahe.

Rollenverführung 2: Der empathische Ko-Absturz: »Es ist, wie es ist, und es ist furchtbar«

Erkennbar wird dieser Ko-Absturz durch das Gefühl, in der Plausibilität der Erzählungen gefangen zu sein. Was beschrieben wird ist, einfach schlimm, und die einzig denkbaren Schlussfolgerungen sind Ohnmacht und Ratlosigkeit. Auch wenn die dabei entstehende Betroffenheit nicht auf Dauer hilfreich ist, bildet sie oft eine Grundlage für die authentische Validierung von Leid.

> B.: »Ich höre hier, dass Sie sagen: Wir strampeln uns seit Wochen ab, und immer wartet am Ende des Tunnels die nächste Herkulesaufgabe auf uns. Und das macht müde. Und vielleicht auch ärgerlich. Und da ist es auch naheliegend, wenn ein Teil in Ihnen sagt: Was sollen wir hier reden, es kommt doch eh wie es kommt. Daran ändern auch keine Supervision oder irgendwelche Absprachen etwas. Verstehe ich Sie da richtig?«

Wer sich als Beraterin in einer Problemtrance gefangen erlebt, kann diese zunächst in Empathie wandeln. Die Ressource der empathischen Betroffenheit liegt in der Anerkennung der Tatsache, dass Menschen und Rahmenbedingungen an eine Grenze kommen können. Verluste, Vergeblichkeit und Überforderung sind real und eben nicht nur eine Sache des Standpunkts, der beliebig relativiert werden kann. Gleichzeitig gilt: Wer sein Klientensystem *zu gut* versteht, kann keinen hilfreichen Unterschied mehr machen. Oftmals ergibt sich genau aus der dabei entstehenden Hilflosigkeit heraus das Bedürfnis einer Relativierung.

Rollenverführung 3: Die fröhliche Relativistin: »Alles schon mal dagewesen und alles halb so schlimm«

Spätestens seit Karl Valentin wissen wir: »Die Zukunft war früher auch besser«. Will sagen: Weniges wird so heiß gegessen wie gekocht; oft entstehen auch aus zunächst schmerzhaften Veränderungen konstruktive Neuerungen, die dann die nostalgische Vergangenheit einer fernen Zukunft sein können. Und manchmal scheinen Dinge situativ unüberwindbar, die sich im Rückblick als machbar und lehrreich entpuppen. Vielleicht denken auch Sie ab und an: Geklagt wird und wurde immer. Auch diese in der Relativierung liegende Rollenverführung hat Licht- und Schattenseiten. Zu den Ressourcen gehört, die Klage nicht mit Handlungsunfähigkeit gleichzusetzen. In den möglichen Worten unserer Beraterin:

> B.: »Die Dinge sind schwer, und das schon lange. Gleichzeitig sind Sie Expertinnen im Umgang mit komplexen und anstrengenden Phasen. Sie wissen, was Sie tun müssen,

um diese harten Zeiten gut zu überstehen. Können wir das mal zusammentragen: Was braucht man, um hier nicht wahnsinnig zu werden?«

Oder auch:

B.: »Wenn wir eine kleine Zeitreise unternehmen [idealerweise wird diese auch tatsächlich entlang eines imaginierten Zeitstrahls im Raum unternommen!], es ist das Jahr 20XX, Sie schauen zurück auf diese anstrengende Zeit, vielleicht mit einem anerkennenden, vielleicht auch mit einem staunenden Blick – was denken Sie, wird wichtig gewesen sein, um durch diese Phase möglichst heil durchgekommen zu sein?«

Sich nicht zu sehr anstecken zu lassen von Ohnmacht und Empörung, eher eine Weitwinkel- beziehungsweise Langstreckenperspektive einzunehmen, ist oft nützlich. Gleichzeitig ist der Grat zwischen angemessener Relativierung und unangemessener Bagatellisierung schmal. Ab und an besteht die unterschiedsbildende Intervention auch darin, sich klar inhaltlich beziehungsweise ethisch zu positionieren.

Rollenverführung 4: Die ethische/fachliche Instanz: »Sagen, was geht und was nicht (mehr) geht«

Eindeutige ethische oder prozessbezogene Positionierungen (»Hier muss etwas entschieden werden«, »Es wird nicht ohne ... gehen«) sind für viele, gerade auch systemisch geprägte Beratende oft wenig naheliegende Interventionen. Ratschläge erscheinen hier als »Schläge«, klare Standpunkte als wenig vereinbar mit den Grundhaltungen der Neutralität und der konstruktivistischen Beobachterabhängigkeit von Perspektiven. Dennoch sind Konstellationen denkbar, in denen eine solch fachliche oder ethische Positionierung dazu beiträgt, die Voraussetzungen für gemeinsame Wirksamkeitserfahrungen zu schärfen.

B.: »Mir scheint, dass angesichts der derzeitigen Belegung das bisherige Anspruchsniveau auch bei großem Einsatz nicht aufrechtzuerhalten ist. Vermutlich macht es wenig Sinn, immer neu zu überlegen, wie das Unmögliche möglich werden kann.«

Wird ein solcher Standpunkt zu früh oder unüberlegt bezogen, ist jedoch auch denkbar, dass der Supervisor als Sprachrohr unbequemer Botschaften missbraucht und/oder schnell »verbrannt« wird.

Alle diese hier angedeuteten Rollenoptionen haben ihre Plausibilität und Berechtigung. Und alle können »abstürzen«, wenn sie einseitig beziehungsweise aus dem Reflex heraus genutzt werden. Es empfiehlt sich deshalb, sich als Teamberaterin der eigenen Verführbarkeiten und Schlagseiten bewusst zu sein. Wozu neige ich angesichts (scheinbar) unlösbarer Herausforderungen? Wie flexibel kann ich zwischen oben genannten Perspektiven wechseln? Und was macht für dieses Team in dieser Situation einen hilfreichen Unterschied?

2 Die Weisheit, zu unterscheiden ... – methodische Zugänge zur Trennung von lösbaren und unlösbaren Aufgaben

Kommen wir noch einmal zurück zu unserer etwas lähmenden Eingangsrunde vom Beginn des Kapitels. Nachdem die Beraterin die Aussagen von Team und Leitung freundlich zusammengefasst hat, lädt sie zu einem kleinen Experiment.

B.: »Ich lege auf den Boden einen grünen und einen roten Kreis. Ich möchte Sie bitten, in Kleingruppen auf diese grünen Karten all das zu schreiben, was Ihnen derzeit gestaltbar und veränderbar erscheint, all das, worauf Sie unmittelbar Einfluss haben. Und auf den roten Karten notieren Sie all das, worauf Sie keinen Einfluss haben. Was zumindest im Moment unlösbar und nicht veränderbar erscheint.«

Wäre dies eine der ersten Sitzungen, in denen Unzufriedenheit geäußert würde, könnte direkt angeschlossen werden mit Fragen wie:

B.: »Welcher Aspekt aus dem grünen Kreis erscheint Ihnen am bedeutsamsten? Welcher kleine Schritt in diesem Feld könnte eine lohnende Wirkung entfalten? Und welchem dieser Aspekte räumen Sie die größten Chancen ein, auch tatsächlich wirksam angegangen zu werden? So, dass es auch in vier bis sechs Monaten noch spürbar ist?«

In unserem Fallbeispiel ist die Beraterin jedoch schon länger Zeugin großer Unzufriedenheit. Alle Versuche, Gestaltungsspielräume auszuloten, stoßen auf Unwillen und Zweifel. Sie lädt deshalb zu einer etwas grundlegenderen Reflexion:

B.: »Ohne Frage ist all das, was im roten Kreis liegt, belastend und frustrierend. Es dominiert Ihr persönliches Erleben und wirkt sich darauf aus, wie Sie miteinander umgehen. Wenn Sie auf das, was im grünen Kreis liegt, schauen – ist der gestaltbare Bereich groß genug, um zu bleiben? Enthält er genug Sinnhaftes, um zu sagen: Dafür lohnt es sich zu investieren? Nehmen Sie sich einen Moment, um für sich zu überlegen, ob Sie unter diesen Bedingungen noch ein ›Ja‹ zu ihrem Arbeitsplatz finden können.«

Mit dieser radikalen Intervention holt die Beraterin eine oft tabuisierte Wahrheit in den Raum. Es ist kein Hochverrat, ans Gehen zu denken, auch nicht, dies in die Tat umzusetzen. Zu gehen ist eine legitime Antwort auf Situationen, in denen sich keine sinnvolle Perspektive entwickeln lässt. Indem diese individuelle Entscheidung offen angesprochen wird, verliert das Tabu an Macht. Aus einer Drohkulisse wird eine legitime Position. Dadurch wächst paradoxerweise oft die Bereitschaft, über das Gestaltbare neu nachzudenken, denn: Ich kann nur »Ja« sagen zu etwas, wozu ich auch »Nein« sagen darf. Dies gilt nicht nur für die individuelle Entscheidung »gehen oder bleiben«, sondern auch für die Frage, ob Teamberatung als eine grundsätzlich auf Veränderung angelegte Intervention Sinn macht.

3 »Die Glühbirne muss nicht wollen«[3] – von Empörung und Resignation zur verantworteten Entscheidung

Für die meisten professionellen Begleitenden dürfte es herausfordernd sein, sich angesichts von Hilf- und Hoffnungslosigkeit im Klientsystem nicht sofort auf Lösungs- und/oder Bewältigungsmöglichkeiten zu fokussieren (»Wie können Sie das Beste daraus machen?«). Diese Haltung ist, wie oben angedeutet, parteilich. Nicht jeder Mist muss zu Humus werden. Fangen wir direkt an, aus dieser Haltung zu intervenieren, laufen wir Gefahr, zum »Coping-Animateur« zu verkommen, eine Rolle, die von primären Auftraggebenden oft auch explizit gewünscht ist (»Die müssen lernen, sich darauf einzustellen/mit dem Stress kollegialer umzugehen/die Neuen so aufzunehmen, dass sie nicht gleich wieder gehen«). Nach unseren Erfahrungen ist diese Rolle nicht nur undankbar, sondern auch von begrenzter Wirkung, denn während ein Teil der Problemdefinition (Hilfe zur Anpassung an oder Bewältigung anspruchsvolle(r) Umstände) zustimmt, ist ein (meistens größerer) Teil der Ansicht, dass genau diese Anpassungsleistung bedeutet, gute Miene zum bösen Spiel zu machen. Ein wesentlicher Beitrag der Supervision liegt dann darin, wieder ein Bewusstsein für persönliche Wahlfreiheiten zu schaffen. Grundsätzlich wird dies eher dadurch befördert, dass auch eine Haltung, sich der Veränderung klagend zu verweigern, als anzuerkennende, aber folgenreiche Grundhaltung betrachtet wird.

---

3   Getreu des Witzes: »Was ist der Unterschied zwischen einem Elektriker und einem Psychologen? Beide können eine Glühbirne zum Leuchten bringen, nur: Beim Psychologen muss sie wollen.«

Fallbeispiel

Ein Team erlebt sich nach einer Umstrukturierung als klarer Verlierer. Die ehemals kurzen Wege weichen langwierigen Abstimmungsprozessen, der frühere Freiraum weicht klar begrenzten Zuständigkeiten. Gleichzeitig hat sich die Arbeitslast gefühlt deutlich erhöht. In der Supervision dominieren zunächst Klagen über den erlebten Verlust an Arbeitsqualität und das vorherrschende Überlastungsgefühl. Bei der Erarbeitung der Anliegen an die Supervision mit den Teammitgliedern steht eine Veränderung der Rahmenbedingungen an erster Stelle. In zweiter Linie wird der Wunsch deutlich, das Miteinander wieder zu stärken – dies sei unter den gegebenen Rahmenbedingungen (keine Zeit, keine Kommunikationsmöglichkeiten) jedoch kaum möglich.

In der Supervision thematisieren wir die Ausgangslage wie folgt[4]: Bei jedem Veränderungsprozess gibt es erfahrungsgemäß mindestens drei Grundpositionen. Vereinfacht lassen sie sich etwa so zusammenfassen:

1. Ich habe diese Veränderung nicht gewollt und ich sehe auch nicht ein, jetzt zusätzlich zu allem noch »gute Miene« und »das Beste« draus zu machen – zumal ich die entscheidenden Faktoren (Ressourcen, Arbeitspensum usw.) sowieso nicht beeinflussen kann.
2. Ich habe diese Veränderung nicht gewollt – nun ist sie da. Lasst uns das Beste daraus machen und sehen, worauf wir selbst Einfluss haben.
3. Ich sehe auch Chancen und Vorteile in dieser Veränderung. Das ständige Klagen geht mir auf den Geist ...[5]

Wir bitten die Supervisionsteilnehmenden, sich mittels »Durchzählen« entsprechend dieser Grundpositionen aufzuteilen. Idee hierbei ist: Niemand muss sich als Vertreterin einer dieser Linien outen. In den Stellvertreter-Gruppen werden »die guten Gründe für unsere Sicht der Dinge« gesammelt. In sequenziellen *Fishbowls* werden alle Positionsgruppen interviewt:

1. »Was ist Ihnen wichtig, was liegt Ihnen am Herzen? Welches Ziel verfolgen Sie?«
2. »Was bewegt Sie, die Lage so zu sehen, wie Sie sie sehen?«
3. »Was treibt Sie auf die Palme?«
4. »Wofür kämpfen Sie? Was vermuten Sie, wie sich Ihre Position auf das Teamklima/ die Zusammenarbeit auswirkt?«
5. »Was glauben Sie, wie sehen die anderen Sie?«
6. »Was würden Sie sich von den anderen wünschen? Wie sollen die anderen mit Ihnen umgehen?«

---

4   Für Anregungen zu dieser Intervention danken wir Dr. Hans Lieb.
5   Weitere Reaktionen sind denkbar und können gruppenspezifisch erarbeitet werden.

Die implizite Botschaft dieser Intervention lautet: Alle Positionen gegenüber den Veränderungen sind legitim. Alle haben Auswirkungen. Jedes Teammitglied hat die Freiheit zu entscheiden, wie es sich gegenüber dem Veränderungsprozess verhält – innerlich und äußerlich.

Teamberatung liegt oft die Annahme zugrunde, dass alle Teilnehmenden Vertretende der Positionen zwei und drei sind. Dies ist eine unrealistische Annahme. Wir gehen stattdessen davon aus, dass für einige die Erarbeitung und Nutzung von Handlungsspielräumen nur begrenzten Sinn macht – sei es, weil sie zu klein, zu zweitrangig oder zu aussichtslos erscheinen. Erst wenn dies ausgesprochen und anerkannt ist, können realistische Ziele gemeinsam festgelegt werden.

Indem wir die Seiten in das Kommunikationsgefäß der Teamberatung laden, die tabuisiert, abgelehnt werden oder hinderlich für eine konstruktive Gestaltung des Miteinanders erscheinen, eröffnet sich die Möglichkeit, aus der Pendelbewegung zwischen Empörung einerseits (»Es kann so nicht weitergehen«) und Resignation andererseits (»Bringt eh alles nichts«) auszusteigen. Ambivalente, widersprüchliche und skeptische Positionen werden benennbar und als nachvollziehbare Positionierung unter schwierigen Umständen gerahmt. Dies ermöglicht uns, den Leidensdruck angemessen ernst zu nehmen und die Anwesenden gleichzeitig als selbstverantwortliche Akteure ihres (Berufs-)Lebens anzusprechen.

VIII Wenn es hoch hergeht oder nichts mehr geht – Konflikte in Teams

Konflikte in Teams sind ein häufiger, wenn nicht *der häufigste* Anlass für die Suche nach externer Unterstützung. Um nicht im Wirrwarr der Emotionen und Unterschiede verloren zu gehen, haben sich für uns eine Reihe von Landkarten bewährt, die in der soziologischen Systemtheorie nach Luhmann (Luhmann, 1984; 2011) beheimatet sind. Doch starten wir zunächst mit Fragen des praktischen Einstiegs in die Konfliktberatung.

1 Mit wem sprechen wir? Das Setting wirksam ausrichten

Werden wir als Beratende zur Hilfe im Konfliktfall gerufen, gilt hinsichtlich des Settings zunächst: So klein wie möglich, so groß wie nötig. In aller Regel ist der Großteil des Teams in der Lage, Differenzen produktiv zu verhandeln und wo es keine Annäherung braucht, diesen Unterschied zu akzeptieren, ohne sich zu sehr daran abzuarbeiten. Dennoch sitzen häufig alle in der Konfliktberatung, weil zwei bis drei Mitglieder noch keinen Weg in ein konstruktiveres Miteinander gefunden haben. In der Auftragsklärung mit der Führungskraft fragen wir daher: »Wen betrifft dieser Konflikt vorrangig? Wenn Sie unterscheiden würden zwischen Protagonisten und Zuschauerinnen, wer im Team wäre eher in welcher Rolle?« Das Team als Ganzes eröffnet immer auch eine Bühne, die Tendenzen der Selbstbehauptung verstärkt. Meist sieht man dem Schauspiel zu, wenn die Proben abgeschlossen sind. Auch in der Teamberatung macht es deshalb Sinn, die Konfliktprotagonisten zunächst unter sich zu versammeln, um kritische Punkte offen anzusprechen oder auch Beteiligte in ihre Verantwortung zu nehmen. Bewährt hat sich, klein zu starten und – sollte sich herausstellen, dass der Konflikt das Team in seiner Gesamtheit betrifft – das Setting entsprechend auszuweiten.

Die Unkenntnis der Beraterin ist anfangs die wesentliche Zutat für einen erfolgreichen Einstieg. Sie bringt die Neugier ins System, die die Konfliktparteien im Zeitverlauf aneinander verloren haben. Wir können und dürfen (fast) alles fragen. Wann immer möglich, starten wir deshalb mit den Konfliktparteien gemeinsam. Sind die Fronten zu stark verhärtet, können getrennte Vorgespräche sinnvoll sein. Dabei ist es wichtig, proaktiv und transparent zu kommunizieren, wer wann mit wem spricht. Zum Einstieg in die Einzelgespräche machen wir deutlich, dass jede Position in Bezug auf das Verständnis des Konflikts gleichberechtigt ist. Eine hilfreiche Metapher verdanken wir Steve de Shazer (2012). So kann die Beraterin anführen: »Im Konflikt ist es oft wie mit unserer Sehschärfe. Das rechte und das linke Auge sehen unterschiedliche Ausschnitte der Wirklichkeit. Ich komme hier nicht, um zu entscheiden, hat das rechte Auge recht, oder sieht das linke richtig. Ich gehe davon aus, erst wenn wir beide Perspektiven übereinanderlegen, entsteht Tiefenschärfe. In diesem Sinne würde mich Ihre Perspektive auf den Konflikt interessieren«.

Finden Einzel- beziehungsweise Vorabgespräche statt, stellt sich die Frage, wie die Ergebnisse und Erkenntnisse hinterher vergemeinschaftet werden. Vieles spricht dafür, dass die Konfliktparteien im Beratungsprozess selbst zu Wort kommen. Sie können am besten benennen, was ihnen wichtig ist. Wenn genau das jedoch für Betroffene nur schwer vorstellbar ist, zum Beispiel, weil sie Sanktionierungen (durch die Führungskraft oder andere Teammitglieder) befürchten, übernehmen wir für alle Parteien eine »Sprachrohr- oder Übersetzungsfunktion« und achten darauf, dass dies im vorab vereinbarten Rahmen und nur für diesen Beratungsschritt erfolgt (»Was darf ich zusammenfassend von heute mit in unser gemeinsames Gespräch kommenden Mittwoch nehmen?/Ich habe bislang verstanden …/Ist das in Ihrem Sinne, wenn ich das so darlege?«). Die Rolle des Beraters ist dann, genau zuzuhören und aus dem Verstandenen eine *gemeinsame* Geschichte zu entwickeln, die von den Beteiligten ergänzt und kommentiert werden darf.

Fallbeispiel
Ein Pflegeteam auf einer Intensivstation leidet seit langem unter vielen personellen Wechseln und offenen Stellen. Mithilfe der üblichen Verfahren können nicht alle freien Stellen besetzt werden, und so ist man froh, über eine Vermittlung sieben Pflegekräfte aus dem Ausland gewinnen zu können. Zwei Monate später wird in der Supervision deutlich, dass es Spannungen vor allem zwischen »dienstälteren Kolleginnen« und »dienstneueren Kollegen« gibt, die bereits zu einem wachsenden Krankenstand geführt haben. Es wird angedeutet, dass es »vor allem um die Gruppe der neu gekommenen Pflegekräfte« geht. Da die neuen Kollegen die vermutlich schwächere Position (alle noch in der Probezeit, begrenzte Deutschkenntnisse, alle unter hohen Investitionen in ein neues Land gekommen) innehaben, entschließt sich die Supervisorin in zwei Terminen

die »Neuen« und die »nicht mehr ganz so Neuen« getrennt voneinander zu ihrer Sicht der Dinge zu befragen.

In der darauffolgenden gemeinsamen Sitzung im Großteam fasst die Supervisorin zuvor abgestimmte Wahrnehmungen und Bedürfnisse zusammen. Ihre Erzählung fokussiert zunächst Gemeinsamkeiten zwischen beiden Gruppen (»Für Sie alle hat die Arbeit auf Station eine hohe Bedeutung – für Sie alle ist die Qualität Ihrer Arbeit ein wesentlicher Teil Ihres Selbstverständnisses. Sie haben sich bewusst für die Intensiv entschieden. Alle wünschen sich ein Miteinander, das Ihnen die schwere Arbeit leichter macht«). In der Folge werden Kontextualisierungen angeboten, die das »Knirschen« verstehbarer machen (»Hinzu kommt – und auch das wurde in beiden Gruppen deutlich – der Umfang der neu Einzuarbeitenden. Sieben an der Zahl, das ist eine Menge und das sieht hier jeder!«). Erst in der Folge beschreibt die Beraterin die wahrgenommen Probleme und erste Hypothesen, wie die Problemwahrnehmungen gegenwärtig ineinandergreifen (»Die einen ärgern sich über die ausbleibende Einarbeitung, die anderen über die ausbleibende Qualität. Und beide Seiten spüren den Ärger und denken, er bedeute: Die wollen mir eh nicht wirklich helfen«). Ausgehend von plausiblen Teufelskreisen werden Ideen für gemeinsam initiierte Aufwärtsspiralen entwickelt (»Wie können wir einander das Leben leichter machen, wie uns dabei helfen, das gemeinsame Anliegen ›gute Arbeit auf viele Schultern verteilt‹ zu erreichen?«). Im Anschluss wird gemeinsam ein Maßnahmenkatalog abgeleitet (Priorisierung und Definition von Aufgabenstandards für die Schichten, Einführung eines Mentorensystems, Unterstützung des Spracherwerbs etc.). Die Sitzung schließt mit einer Runde, in der alle Beteiligten formulieren, was sie persönlich konkret zu einem besseren Miteinander von jetzt an beitragen werden.

2 Worüber sprechen wir (nicht)? Sach-, Zeit- und Beziehungsfragen in Konflikten

Konflikte finden als Kommunikationssysteme immer in der Gegenwart statt. Die Vergangenheit hat jedoch eine besondere Relevanz, da sie den Status quo legitimiert (»Hättest du damals nicht ...«). Eine an der Sachdimension ausgerichtete Aufarbeitung der Vergangenheit (Was ist wirklich geschehen?) liegt damit zwar nahe, mündet aber in vielen Fällen in eine unproduktive Wiederholung gegenseitiger Schuldzuweisungen (Simon, 2022). Auf der Beziehungsebene kann ein Blick in die Vergangenheit jedoch durchaus relevante Informationen hervorbringen. Auch wenn nicht entscheidbar ist, wie es »in Wirklichkeit« angefangen hat und bei wem »der Fehler liegt«, können Bedeutungsgebungen und Schlussfolgerungen ergebnisoffen erkundet werden. Eine einfache Visualisierung des wahrgenommenen Konfliktverlaufs kann dabei hilfreich sein.

Jede Konfliktpartei wird gebeten, auf einem Blatt den groben (!) zeitlichen Verlauf des Konflikts dazustellen. Ein Anstieg der Linie bedeutet, das Konfliktgeschehen wurde intensiver, eine gerade Linie, es blieb unverändert, und eine fallende Linie symbolisiert ein Abflachen des Konflikts. Durch einen Vergleich der Skizzen der Konfliktparteien wird unmittelbar deutlich, inwieweit die Konflikthistorie ähnlich oder sehr unterschiedlich wahrgenommen wird. Ideen über Beiträge, Kontextabhängigkeiten, Ressourcen und »Knackpunkte« werden auf diese Weise schnell zugänglich. Anschließend wird gemeinsam entschieden, inwieweit es für die Verbesserung der aktuellen Situation erforderlich ist, vergangene Ereignisse tiefergehend zu besprechen. Meist genügt es, die subjektiv erlebte Historie zu kennen und als nicht mehr veränderlich stehen zu lassen. Entscheidendes Kriterium hierfür ist: »Was brauchen Sie jetzt in der aktuellen Situation, um gemeinsam nach vorne schauen zu können?«.

Unabhängig davon, ob und wie detailliert die Vorgeschichte zum Thema wird, wirkt sie in die Lösungsbereitschaft der Parteien hinein. Bewährt haben sich Fragen wie:
- »Was trauen Sie sich angesichts ihrer Vorgeschichte (noch) zu?«
- »Wie viel Investition in vertrauensvolle, respektvolle, sachorientierte Kommunikation erscheint Ihnen angesichts der gemeinsamen Vergangenheit noch realistisch?«
- »Wofür ist es unter Umständen spät beziehungsweise zu spät?«

Die Tatsache, dass eine Konfliktlösung zwar theoretisch wünschenswert wäre, aber die dazu notwendigen Beiträge zum Kommunikationssystem von den Beteiligten nicht (mehr) geleistet werden wollen, wird oft tabuisiert. Nicht nur die Vergangenheit bestimmt die Motivation zur Mitwirkung an einer Konfliktlösung. Auch die antizipierte Zukunft kann mobilisierend wirken, wenn die Auswirkungen eines »weiter so« hinreichend spürbar werden. Wir erkunden deshalb stets:
- »Was gibt es für Sie zu gewinnen, wenn die Konfliktkommunikation beigelegt wird? Was für Ihre Kollegen?«
- »Was gibt es umgekehrt zu verlieren, wenn der Konflikt genau wie bisher weiter besteht? Wie lange werden Sie es durchhalten, wer wird als erster gehen? Was meinen Sie, wie lange schaut Ihre Chefin noch zu – wann wird sie Konsequenzen ziehen?«

Das Sichtbarmachen individueller Bedeutungsgebungen, Veränderungshoffnungen und Preise der Nichtveränderung sind für die Konfliktberatung unerlässlich. Da es sozial erwünscht ist, Konflikte zu befrieden, wird regelhaft unterschätzt, wie naheliegend eine Weiterführung des destruktiven Kommunikationsmusters ist. Erst wenn deutlich wird, es gibt durch eine Unterbrechung des Konfliktmusters etwas Substanzielles zu gewinnen oder zu verlieren, machen lösungsorientierte Bemühungen unserer Erfahrung nach Sinn. Oft müssen diese Preise auch durch die Leitung definiert werden.

Fallbeispiel
Die Abteilungsleitung einer öffentlichen Einrichtung meldet sich mit dem Wunsch nach einer Beratung für zwei stark zerstrittene Kolleginnen. Man werfe sich wechselseitig Arbeitsverweigerung und Unfähigkeit vor, in regelmäßigen Abständen komme es zudem zu Beschwerden bei der Bereichsleitung über die jeweils andere Kollegin. Seit einigen Monaten befänden sich beide Mitarbeiterinnen zudem in wechselndem, aber lang anhaltendem Krankenstand. Im Vorgespräch mit der Abteilungsleitung erkundet die Supervisorin zunächst die Preise einer Nichtveränderung: »Was passiert, wenn nichts passiert?« Die Frage ist erst einmal schwer zu beantworten. Beide Kolleginnen sind verbeamtet, eine Versetzung kaum möglich. Die Supervisorin bittet die Abteilungsleitung mit der Bereichsleitung zu klären, ob und wenn ja welche Auswirkung eine Weiterführung des Konflikts zukünftig haben wird und dies an die beteiligten Mitarbeiterinnen zu kommunizieren. Erst durch die möglichen Konsequenzen der Nichtveränderung erhält die eigentliche Konfliktmoderation ihr notwendiges Wofür.

Auch wenn die Führungskraft selbst Konfliktpartei ist, gilt: Sie sollte durch Kooperation etwas Substantielles gewinnen oder verlieren können. Erfolgt der Erstkontakt über die Führung, empfiehlt sich deshalb die Einladung zum Perspektivwechsel: »Wenn ich Ihr Team fragen würde, was es in einer moderierten Auseinandersetzung gewinnen könnte, was würde es sagen?« Fällt das Einfühlungsvermögen gering aus, sollte vorab geklärt werden, inwieweit die Führungskraft grundsätzlich daran interessiert ist, die Perspektive des Teams zuzulassen und zu verstehen, aber auch dessen Anliegen entgegenzukommen: »Teamberatung kann auch schaden. Wenn wir moderiert zusammenkommen, wecken wir Hoffnung auf Verständigung. Wenn Sie sagen: ›Es ist wie es ist und es bleibt so, egal wie das Team es sieht‹, ist es besser, dies so klar zu sagen als falsche Hoffnungen zu wecken«.

3 Was muss (nicht) gelöst werden? Die Trennung von Konfliktkommunikation und den Gedanken und Gefühlen ihrer Beteiligten

Das bereits in Kapitel I dargelegte systemtheoretische Verständnis von Organisationen als Kommunikationssysteme ist auch für die Konfliktberatung von hoher Relevanz. Konflikte sind aus dieser Perspektive für Organisationen erst existent, wenn sie ihren Weg als Störung in die Kommunikation gefunden haben. Solange Albert und Bertha ihre Abneigung und gegenseitige Geringschätzung »nur« individuell spüren, ist ihr Konflikt dem Sozialsystem nicht zugänglich und muss es auch noch nicht werden. Die Organisation kann über Jahre sehr gut damit leben. Es braucht einen Beobachter (Albert, Bertha, die Chefin, ein geschätzter Kollege …), der dies wahrnimmt und in die Kommunikation bringt – meist aufgrund der Kosten der Konfliktkommunikation für das System. Diese theoretischen Prämissen haben Konsequenzen für die praktische Beratung: Anspruch einer systemischen Konfliktberatung ist zunächst nicht, die an dem Konflikt beteiligten Psychen zu verändern. Der Fokus der Intervention liegt auf Ebene der Kommunikation. Unterschiedliche Sichtweisen sind der Normalfall, ebenso wie Unvereinbarkeiten im Denken, Fühlen und Wollen. Im Fokus der Konfliktberatung stehen entsprechend weniger die Aufdeckung (»Was denkt A in Wahrheit über B?«) und Aufhebung dieser Verschiedenheiten (Einigung, Kompromiss), sondern die kommunikativen Wechselwirkungen zwischen den Konfliktparteien (»Wie gehen Sie momentan mit Ihrer Unterschiedlichkeit um? Worüber sprechen Sie (nicht) und wie? Welche Auswirkungen hat dies?«, »Was meinen Sie, was bräuchte Ihr Kollege von Ihnen, damit er seinen Beitrag zu einem produktiveren Miteinander leisten kann?« Und umgekehrt: »Angenommen, Sie wollten ihn auf die Palme bringen, was müssten Sie tun?«). Konfliktlösungen werden oft dort unmöglich, wo sich mindestens eine der Parteien nicht mit veränderten Kommunikationsbeiträgen begnügt, sondern auf Veränderungen auf der Ebene des psychischen Systems, das heißt Gefühlen und Gedanken, besteht. Als Beraterin empfiehlt es sich, dies zu erfragen und zu Ende denken zu lassen: »Angenommen, A verhielte sich in der nächsten Situation so und so – würden Sie es ihr glauben?« »Nein, ich würde denken, sie macht das nur, weil wir hier darüber gesprochen haben.« »Und angenommen, sie würde es nur deshalb tun, würde das auch zählen?« »Nein, das wäre ja nicht echt.« Solche und verwandte Zwickmühlen zu enttarnen, ist eine wesentliche Voraussetzung, um die realistischen Möglichkeiten einer Auflösung des Konfliktmusters auszuloten.

Aus der hier angedeuteten Perspektive folgt auch angesichts eigener Befindlichkeiten und Verletzungen eine unentrinnbare Mitverantwortung für die

Gestaltung des professionellen Kommunikationssystems: Was ich privat dabei denke und fühle, bleibt privat. Mit dieser Tatsache offensiv umzugehen, kann auch heißen, in professionellen Zusammenhängen überhöhte Authentizitätsansprüche zu hinterfragen: Was die Konfliktparteien am heimischen Abendbrottisch übereinander sagen, bleibt ihnen überlassen. Für ihre Beiträge innerhalb des Kommunikationssystems bleiben sie jedoch verantwortlich.

4 Was kennzeichnet Konfliktkommunikation?
Das Eigenleben der Negation der Negation

Konflikte entwickeln sich auf kommunikativer Ebene zunächst meist aus Bagatellen. Damit aus einem kleinen Ärgernis ein Konflikt werden kann, braucht es aus systemischer Perspektive ein »Gegennein« (Simon, 2022, S. 13). Übergangene Bedürfnisse, nicht erfüllte Bitten werden erst dann zu Konflikten, wenn der Absage eine Absage folgt (»Nein, so will ich das aber nicht«), die wiederum eine Absage der Absage der Absage zur Folge hat (»Anders geht es aber nicht«), die wiederum ... und so weiter. Konflikte sind demnach keine singulären Ereignisse. Vielmehr handelt es sich immer um ein Kommunikationsmuster, das durch fortwährende »Negation der Negation« geprägt ist (S. 11).

Diese Definition des Konflikts macht deutlich, warum oft schon simple Interventionen Beiträge zur atmosphärischen Aufhellung leisten. Besteht der Berater für die heutige Sitzung darauf, den Raum einzig und allein dem gegenseitigen Zuhören und Verstehen zu widmen, ohne direkt Maßnahmen abzuleiten, unterbricht er die Negation der Negation (»Heute wollen wir nur verstehen, wie es sich auf der jeweils anderen Seite des Ufers anfühlt. Was daraus folgt, besprechen wir in einer weiteren Sitzung«). Gelingt es, diesen Rahmen zu halten, bleibt die für den Konflikt lebensnotwendige Verneinung aus. Alle lassen die Position des anderen bis auf Weiteres stehen. Hierdurch gewinnen alle Zeit, über leistbare Konsequenzen nachzudenken. Das Risiko, sich in reaktiven Reflexen (»Wie stellen Sie sich das denn vor, wie soll das gehen?«) zu verheddern, sinkt.

Auch die Intervention, von Vorwürfen zu Wünschen (»VW-Regel«) und von Unterstellungen zu Fragen zu gelangen, unterbricht das Gegen-Nein. Nach einer kurzen Zusammenfassung der Gesamtlage werden beide Parteien eingeladen, Fragen zu entwickeln wie: »Was würde ich gern an der Position der anderen Seite besser verstehen? Welchen Wunsch hat die jeweils andere Seite vermutlich an mich/uns? Was daran kann ich nachvollziehen?« Im Nachgang werden die Konfliktparteien eingeladen, einander diese Fragen zu stellen beziehungsweise ihre Hypothesen zu teilen. Aufgabe des Beraters ist es, »Pseudofragen«

im Sinne getarnter Vorwürfe zügig zu enttarnen: »Wenn Sie sagen, ›Ich frage mich, was ihr euch dabei denkt, ...‹ – was *genau* würden Sie dann gern besser verstehen?«. All diese Fragen und Setzungen helfen, die fortwährende Negation zumindest für die Zeit der Beratung zu unterbrechen.

Organisationen sind aufgabenorientierte Systeme. In den allermeisten Konflikten wird deshalb zumindest anfänglich ein sachlicher Widerspruch verhandelt. Die andauernde Ablehnung der jeweils anderen Position lädt jedoch dazu ein, die sachliche Differenz über kurz oder lang persönlich zu nehmen. Spätestens dann wird die jeweils andere Partei für mein Unglück verantwortlich. Sie hat dieses ausgelöst und trägt deshalb auch die Verantwortung für die Befriedung. Pointiert ausgedrückt: Das Problem ist die Person und die Lösung ist die Person. Wäre Person X anders oder würde sich ändern, gäbe es kein Problem. Konstruktiver zu kommunizieren, hieße wiederum gefühlt, die andere Seite aus ihrer Schuld zu entlassen (keine gute Miene zu bösem Spiel). Auch in diesen Fällen lohnt sich eine Trennung des psychischen Erlebens und kommunikativer Prozesse (»Ich darf sauer sein, aber dies heißt nicht, dass ich X ignorieren, sabotieren, anschreien muss«; Lieb u. Tröscher-Hüfner, 2006). Davon unabhängig hält jeder Konflikt ein Beziehungsangebot bereit, das neben der Sachebene mitverhandelt wird.

Fallbeispiel
Die Beraterin wird zu einem Teamkonflikt gerufen, der sich zunächst an der banalen Frage »Fenster auf – Fenster zu« entzündet hat, zwischenzeitlich jedoch tiefe Gräben durch das Team zieht. Da man bekanntlich sowohl erfrieren als auch »ersticken« kann, liegt auf der Inhaltsebene ein Kompromiss nahe (regelmäßiges Lüften zu fest vereinbarten Zeiten). Dass dieser im konkreten Fall nicht zustande kommt, hat wesentlich mit den Bedeutungsgebungen auf der Beziehungsebene zu tun: Wer hat das Recht, die angemessene Zimmertemperatur beziehungsweise das ausreichende Maß an Frischluft zu definieren? Wer darf über die andere bestimmen? So werden über das Fenster wesentliche Machtfragen ausgetragen. Gleichzeitig wird das Verhalten der jeweils anderen Seite mit Bedeutungsgebungen aufgeladen (»rücksichtslos«, »zwanghaft«). Die Beraterin hält sich deshalb nicht lange mit Versuchen auf, die Streitfrage inhaltlich zu befrieden, sondern widmet sich gleich dem Kommunikationsmuster: »Unterschiedliche Bedürfnisse sind in Teams der Normalfall, das gilt auch für den Frischluftbedarf. Mich würde daher vor allem interessieren: Wenn Sie, Frau Müller, für Frischluft sorgen, wie wird Herr Huber dies interpretieren und welche Reaktionen wird das wahrscheinlich bei ihm auslösen? Und welche Bedeutung geben Sie umgekehrt seinem Verhalten?« Im Fokus steht nicht die inhaltliche Frage, sondern stehen Bedeutungsgebungen in ihren Auswirkungen.

Mit Bateson (2021) können wir symmetrische und komplementäre Kommunikationsmuster unterscheiden. Symmetrische Kommunikation ist durch ein »tit for tat« charakterisiert. Was immer du tust, ich tue dasselbe. Wirst du laut, schreie ich zurück, klagst du mich an, kontere ich mit einem Gegenvorwurf. Komplementäre Kommunikation beinhaltet hingegen: Was immer du tust, ich tue das Gegenteil. Wirst du aggressiv, beschwichtige ich, ziehst du dich zurück, komme ich dir nach und so weiter. Kommunikation folgt immer einer der beiden Unterscheidungen. Problematisch kann es dann werden, wenn das Muster zu rigide wird, das heißt es nicht gelingt, flexibel zwischen symmetrischen und komplementären Interaktionen zu wechseln. Konfliktberatung beinhaltet deshalb immer auch, Musterunterbrechungen in zu rigiden Kreisläufen anzuregen. Symmetrisch eskalierte Systeme profitieren häufig von Anregungen zum wechselseitigen Zuhören (»Was haben Sie verstanden? Was davon ist für Sie nachvollziehbar? Können Sie dies einander wissen lassen?«) und der Herausarbeitung eines kleinsten gemeinsamen Nenners (»Was Ihnen beiden am Herzen liegt, scheint X zu sein«). Ab und an bedarf es auch eines beherzt-entschlossenen Eingreifens, um symmetrisch-eskalierte Konfliktkommunikation zu unterbrechen.

Fallbeispiel
In der Teamsupervision eines Führungskreises kommt es zu einem heftigen Schlagabtausch zwischen den Vertretern zweier Berufsgruppen, die sich wechselseitig Unprofessionalität und fehlendes Einschätzungsvermögen vorwerfen. Freundliche Versuche, das Gespräch in konstruktivere Bahnen zu lenken, verhallen nach wenigen Sekunden. Die Beraterin lädt alle Beteiligten auf die Metaebene: »Was tun Sie hier gerade? Wie geht dies aus, wenn Sie so weitermachen? Wollen Sie das?«

In aller Veränderungsneutralität kann gleichzeitig auch Partei für den eigenen Wunsch nach sinnstiftender Arbeit ergriffen werden: »Für das, was Sie immer miteinander tun, brauchen Sie mich nicht. Sie haben mich geholt und bezahlt, damit hier etwas Neues geschieht. Ich unterbreche das deshalb jetzt.«

Zum Konflikt kann es auch kommen, wenn die gegenseitigen Beziehungsangebote nicht zueinander passen. So geht man beispielsweise in der Beziehung zwischen Ärztin und Patient von einer kulturell vereinbarten Komplementarität aus. Der Konflikt entsteht erst, wenn auf die asymmetrische Kommunikation (»Machen Sie sich frei«) symmetrisch geantwortet wird (»Zuerst Sie!«; Simon, 2022, S. 44).

Fallbeispiel
Nach einem Wechsel in der Geschäftsführung, der Gründer A war »zu« autoritär, die Nachfolgerin B ist nun »zu« partizipativ, verlangen die Mitarbeitenden weiterhin nach den Ansagen einer alleinigen Entscheiderin. Diese bleiben von der neuen Führung jedoch aus. Das hohe Bedürfnis nach Richtungsvorgabe und Orientierung wird von ihr als mangelnde Eigeninitiative bis hin zu Arbeitsverweigerung aufgefasst. In solchen Fällen werden anhand sachlicher Differenzen (»Was soll sein?«) Beziehungsfragen (»Was soll zwischen uns gelten?«) verhandelt. Dies zu erkennen und zu benennen und darüber in eine gemeinsame Reflexion zu kommen, kann wesentlich zur Veränderung des eingefahrenen Konfliktmusters beitragen.

Auch hierbei sind zirkuläre Fragen hilfreich, um sich ungut verkettende Bedeutungsgebungen auf der Beziehungsebene transparenter zu machen: Wenn A für X plädiert, Y tut und Z einfordert, was kommt dann bei B auf der Beziehungsebene an (z.B. »Ich bin nicht wichtig«, »Sie ist nicht interessiert« etc.)? Die gemeinsame Reflexion der gegenseitigen Erwartungen an die Zusammenarbeit erfordert von Seiten des Beraters auch ein wachsames Hinterfragen und Konkretisieren scheinbarer Selbstverständlichkeiten auf der Sachebene (Was meinen die Beteiligten, wenn sie von »Eigenverantwortung«, »Sachlichkeit«, »Wertschätzung« sprechen?). Fast immer verbergen sich hinter diesen begrifflichen Schutzschildern auch Beziehungsdefinitionen (»Wer darf bestimmen, was sachlich ist? Wer entscheidet darüber, wann genug wertgeschätzt wurde?«).

5 Paradoxien als Nährboden für Konflikte

Wie bereits in Kapitel I, Abschnitt 4 beschrieben, treffen in jeder Organisation Logiken aufeinander, die grundsätzlich miteinander in Spannung stehen, die jedoch immer wieder bedient werden müssen, um das Überleben der Organisation zu sichern. Die Chancen auf Innovation würden drastisch sinken, wenn die Rollen der Chefcontrollerin und des Chefentwicklers in Personalunion ausgeführt würden. Gleichzeitig wird sich die innovativste Firma am Markt nicht lange behaupten können, wenn die Kosten aus dem Blick geraten. Umso höher der Druck, der auf dem System lastet, desto wahrscheinlicher ist es, dass Paradoxien konflikthaft verarbeitet werden. Erkennbar wird dies stets an den prototypischen Dynamiken der Polarisierung und Personalisierung. Personalisierung manifestiert sich in der Idee, alles wäre »nur halb so schlimm« beziehungsweise sogar »gut machbar«, wenn nur »X nicht so wäre, wie sie/er ist«. Das eigene Gefühl der Überforderung und Ohnmacht wird in Schuldzuweisungen an Dritte kanalisiert – dabei kann es sich um einzelne Personen (»Er ist unfähig, faul, ignorant, ...«), aber auch um ganze Bereiche, zum Beispiel die Nachbarabteilung (»Die haben keine Ahnung«) oder Führungsebenen (»Der Vorstand hat keinen Schimmer von dem, was hier an der Basis los ist«) handeln. Begleitet werden personifizierte Ursachenzuschreibungen fast immer auch von Polarisierungstendenzen, erkennbar in Form einer sich radikalisierenden Arbeitsteilung (»Wir kümmern uns um X – ihr um Y«) beziehungsweise diesbezüglicher Abgrenzungskämpfe (»Dafür sind wir nicht zuständig«, »Entweder ihr macht es auch so oder alles macht keinen Sinn«). Beide Dynamiken sind menschlich und plausible Reaktionen auf Überforderung. In der Auswirkung münden sie jedoch in sich verschärfende interaktionelle Abwärtsspiralen, in denen Bereiche, Teams und Führungskräfte füreinander zum Zusatzstressor werden. Die Frage des gemeinsamen Umgangs mit dem, was widersprüchlich ist und bleibt, bleibt unbeantwortet beziehungsweise wird in Konflikten unproduktiv verarbeitet. Für die Konfliktberatung heißt dies, Konfliktbeteiligte im Sinne eines »Reframings« als Anwälte grundlegend berechtigter und widersprüchlicher Interessen und Werte zu definieren, die immer wieder neu, gegebenenfalls auch einzelfallabhängig verhandelt werden müssen. Sollbruchstellen sind meist struktureller Natur, umso bedeutender ist es, Strukturelles und Persönliches zu trennen.

6 Das Unentscheidbare entscheiden – Führung einführen

Nicht immer können Paradoxien im Rahmen hierarchiefreier Diskussion ausgehandelt werden. Eine wesentliche Aufgabe von Führung besteht deshalb darin, dort, wo Pattsituationen entstehen, Entscheidungen zu treffen. Wird diese Verantwortung nicht wahrgenommen, ist der Nährboden für Konflikte bereitet (Wedekind u. Georgi, 2014).

Fallbeispiel
In einer Supervision berichtet das multiprofessionelle Team eines Vereins über einen eskalierten Konflikt rund um die Aufteilung von Bonizahlungen. Die bisherige Gleichverteilung der Boni über alle Mitarbeitenden wird von einigen zugunsten einer am Grundgehalt orientierten prozentualen Bonizahlung in Frage gestellt. Der Vorstand zeigt sich gegenüber diesem Vorschlag »grundsätzlich offen« und bittet darum, die Frage teamintern zu klären. Im Team kommt es in der Folge zu einem zunehmend persönlichen Schlagabtausch von Vertretenden beider Varianten, der schließlich aufgrund von Verletzungen auf beiden Seiten abgebrochen wird. In der Supervision werden die Konflikt-

parteien als Anwälte zweier grundlegend berechtigter Werte (Gleichberechtigung vs. Anerkennung unterschiedlicher zeit- und geldintensiver Ausbildungswege) definiert. Eine eindeutige Entscheidung sei auf argumentativem Wege nicht erreichbar – für beide Seiten gäbe es ein Universum an guten Gründen. In der (sehr deeskalierenden) Folgeintervention werden alle Teammitglieder aufgefordert, ihre Position per E-Mail zum Ausdruck zu bringen. Das daraus entstehende Stimmungsbild wird (sechs Stimmen für Variante A, zehn Stimmen für Variante B) an den Vorstand zur Entscheidung weitergeleitet.

Mit zunehmender Dauer entwickeln Konflikte ein Eigenleben. Die Wiederholung des Konfliktmusters wird wahrscheinlicher, die Irritierbarkeit desselben nimmt ab. Jeder der Beteiligten hat Möglichkeiten, das Gegenüber zu treffen, und je öfter dies geschieht, desto wahrscheinlicher sind weitere Verletzungen.

»Insofern eignet sich die Metapher der parasitären Existenz von Konflikten, aber das Parasitentum ist hier typisch nicht auf Symbiose angelegt, sondern tendiert zur Absorption des gastgebenden Systems durch den Konflikt in dem Maße, als alle Aufmerksamkeit und alle Ressourcen für den Konflikt beansprucht werden« (Luhmann, 1984, S. 525).

Dies kann so weit gehen, dass die Grundlage der Beziehung, die gemeinsame Aufgabenbewältigung, in Gefahr gerät. Deshalb kann man Konflikten auch eine »Alarmfunktion« zuschreiben (Simon, 2022, S. 95). Auf der Interventionsebene lenkt dies unsere Aufmerksamkeit auf die Auswirkungen der Konfliktkommunikation auf das relevante Umfeld: Wie wirkt sich diese auf nicht direkt involvierte Kolleginnen, Kunden, Nachbarabteilungen aus?

Fallbeispiel
In einer Teamberatung offenbart sich ein heftiger Konflikt zwischen der Leitung und einer erfahrenen Mitarbeiterin. Wechselseitige Schuldzuweisungen beziehungsweise deren Negation nehmen rasant Fahrt auf, innerhalb weniger Minuten stehen beide Parteien schreiend voreinander. Die Erstintervention der Beraterin besteht darin, die Konfliktparteien physisch aus der konfrontativen Position herauszubewegen und sie gegenüber den anwesenden Teammitgliedern zu positionieren: »Sehen Sie, wer hier sitzt? Die brauchen Sie beide«.

Diese aufgrund der Massivität der Eskalation räumlich-körperliche Intervention lässt sich auch abwandeln. Ein Stuhl kann die Aufgabe, Kunden, betroffene Subsysteme repräsentieren und in Form zirkulärer Fragen einbezogen werden: »Wenn X uns hier so zuhören würde, was würde X denken?«, »Wie lange machen die Kolleginnen/Kunden das noch mit?« etc. Spätestens wenn das Verhältnis zwischen »Parasit« (Konflikt) und »Wirt« (Organisationseinheit) zu kippen droht, ist in Organisationen Führung gefragt. Führung birgt das Potenzial, Pattsituationen durch Entscheidungen aufzulösen (unelegant, aber nicht unwirksam, beispielsweise auch in Form eines »Wenn ihr euch nicht einigen könnt, entscheide ich: Wir machen das jetzt so«). Nicht selten entstehen Konflikte auch dort, wo Verantwortung und Rollen nicht zusammenpassen: »Ich bin zwar zuständig für etwas, aber nicht hinreichend autorisiert«. Ohne die höhere Instanz kann nur appelliert, aber nicht entschieden werden. Diese ist nicht da, also streitet man weiter. In diesen Fällen muss die Führung mit ins Beratungsboot.

7 Muster unterbrechen statt Muster erleiden

Bis hierhin haben wir Konflikte als Kommunikationsgeschehen in einem System gefasst. Konflikte können jedoch bei ausreichender Wiederholung auch selbst als System mit eigenen Spielregeln betrachtet werden. Systeme sind operativ geschlossen, das heißt, sie entziehen sich externer Steuerung. Sie können von außen zwar irritiert werden, die Verarbeitung dieser Störung ist jedoch wieder eine dem Konfliktsystem eigene Operation. Wie jedes System strebt auch das Konfliktsystem selbst den eigenen Systemerhalt an, was das Fortbestehen des Konflikts als wahrscheinlichsten Fall zur Folge hat. Die Beendigung des Konflikts kann sich folglich nicht aus dem Konfliktsystem selbst ergeben, »sondern nur aus der Umwelt des Systems – etwa dadurch, daß einer der beiden Streitenden den anderen erschlägt und dieser damit für die Fortsetzung des sozialen Systems Konflikt ausfällt« (Luhmann, 1984, S. 537). »Erschlagen« ist als Argument für die Unterlassung konfliktbehafteter Kommunikation für Beratende keine Option. Bei der Unterbrechung des dem Konflikt zuträglichen Kommunikationsmusters geht es eher darum, unter den Beteiligten innere und äußere Mehrheiten für den Verzicht konfliktbehafteter Botschaften zu aktualisieren.

Hierbei sind Ausloten von Preisen und Auswirkungen einer Weiterführung des Konflikts ebenso bedeutsam wie die verstehbaren Gründe seiner (immer auch wahrscheinlichen!) Weiterführung (»Was passiert, wenn nichts passiert?«).

Die hier skizzierten Ansätze haben gemein, dass sie das Problem in einem situativen Kontext verorten (»Kein Wunder, dass Sie in Ihrem jeweiligen Kontext Dinge unterschiedlich erleben und gewichten – wahrscheinlich bleibt dies auch so«), das Lösungspotenzial jedoch bei den Beteiligten und deren Interaktion (»Was wäre ein guter Umgang mit Ihrer Unterschiedlichkeit?«). Häufig eröffnet diese Beschreibung bereits neue Spielräume. Zu guter Letzt lässt sich manch ein potenzieller Mitstreiter mit der grundlegenden Paradoxie des Konflikts selbst gewinnen: Über das Ende des Konflikts entscheidet immer der Verlierer (Simon, 2022).

IX Das schwächste Glied bestimmt die Stärke der Kette – Leistungsunterschiede in Teams

Teams bündeln nicht nur unterschiedliche Kompetenzen und Funktionen, sondern beheimaten auch unterschiedlich kompetente und leistungsfähige Mitarbeitende. Diese Leistungsunterschiede sind so alltäglich wie herausfordernd – für Führungskräfte ebenso wie für die Teammitglieder selbst. In der Navigation durch die damit verbundenen Spannungsfelder nutzen wir eine Reihe von Landkarten, die uns helfen, mit Teams möglichst angst- und vorurteilsfrei auf das Phänomen »Leistungsunterschiede« beziehungsweise »Niedrigleistende« zu schauen.

1 Der Durchschnitt hält sich für besser als den Durchschnitt

Spätestens seit den 1960er Jahren kennt die Sozialpsychologie den sogenannten »better than average effect« (s. hierzu z. B. Alicke u. Govorun, 2005). Er bezeichnet das Phänomen, dass sich die Mehrzahl der Menschen für überdurchschnittlich hält – rein statistisch eine Illusion, die sich dennoch ungebrochen hartnäckig hält. Auch am Arbeitsplatz gilt also, der Durchschnitt meint, er sei besser als der Durchschnitt. Insofern ist die Etikettierung als »low performer« stets mit Vorsicht zu genießen – wenn sich der Großteil der Belegschaft für besser hält, braucht es immer mindestens eine, die schlechter ist. Die Zuschreibung als »unfähig/inkompetent/leistungsgemindert« kann zudem dazu dienen, sich selbst zu erhöhen (»Was machen die da eigentlich?« mit implizitem Subtext »Seht, was ich leiste!«). Sie hilft, sich seines Wertes zu versichern (»Solange Sie Herrn Müller beschäftigen, muss ich mir keine Sorgen machen«), Loyalität einzufordern (»Ich will ja nix sagen, aber was (sich) Frau Elser leistet, also wirklich, oder?!«) oder auch fehlende Zielerreichung zu rechtfertigen. Ab und an dient die Fremdabwertung auch dazu, offene Rechnungen zu begleichen. Die Bewertung von Arbeitsleistung ist also immer auch in einem mikropolitischen Kontext angesiedelt und keine beobachterunabhängige Kategorie.

Gleichzeitig gilt: Um ein Team und seine Mitglieder auf ein gemeinsames Ziel auszurichten (»Wir wollen X erreichen«), führt an Leistungsbeurteilungen kein Weg vorbei (»Haben wir X erreicht?«). Der Schluss, eine Mitarbeiterin erfülle die erforderliche Leistung dauerhaft unzureichend, kann zutreffend sein. Und dann? Dem langjährigen Chef von General Electrics (GE) und Management-Guru Jack Welch wird nachgesagt, dass er auf Basis systematischer Leistungsbewertungen die Minderleistenden identifizieren und kündigen ließ: Die besten 20 % der Mitarbeitenden erhielten Boni, 70 % der Mitarbeitenden mit soliden Leistungen wurden bestmöglich gefordert und gefördert, die schwächsten 10 % entlassen. In der Unternehmenspraxis ist Trennung häufig die letzte Option. Nicht nur, weil sie arbeitsrechtlich und oft auch ethisch schwierig ist. Sondern auch, weil immer häufiger kein ausreichend großer Bewerberinnenpool zur Verfügung steht, um »Niedrigleistende« zu ersetzen.

Von Niedrigleistung sprechen wir in diesem Kapitel, wenn Arbeitnehmende eine anvertraute Aufgabe entweder schlechter als erwartet oder in nicht ausreichendem Maße erfüllen. *Low performance* kann sich in qualitativer (z. B. erhöhte Fehlerquote) oder quantitativer Hinsicht (z. B. verringerte Arbeitsgeschwindigkeit) zeigen. Dabei gilt: Wir alle haben »Hochs und Tiefs«, gute und schlechte Tage. Problematisch werden Leistungsunterschiede für Teams erst dann, wenn sie dauerhaft bestehen. Spätestens dann stellt sich die Frage: Wie konnte es so weit kommen?

2 Entstehung und Dynamik des Phänomens »Niedrigleistende«

Der Start: beste Absicht bei verschiedenen Währungen oder konstante Leistung in neuer Umwelt

Kaum ein Arbeitgeber stellt Mitarbeitende ein, von denen er von Vorneherein annimmt, sie würden ihrer Aufgabe nicht gerecht. Und selten treten Mitarbeitende Arbeitsplätze an, deren Anforderungen sie von Anfang an subjektiv nicht bewältigen können. Beide Seiten starten also in bester Absicht und liegen mit ihrem Urteil über die Passung manchmal falsch. Ab und an werden bereits im Einstellungsverfahren bestimmte Kompetenzen in ihrer Wertigkeit überschätzt (meist diejenigen, von denen das Team bislang selbst wenig zu haben glaubt) und andere unterschätzt. Oft werden dabei schon zu einem frühen Zeitpunkt »Bauchschmerzen« übergangen (»Wir hatten schon die Vermutung, dass sie eher langsam arbeitet, aber sie hatte all die Erfahrung im Bereich X, da dachten wir, das wird schon passen«). In Branchen, die mit einem hohen Fachkräftemangel zu kämpfen haben, verändert sich zudem der Auswahlprozess entscheidend (»Bevor wir niemanden mehr haben, stellen wir auch jemanden ein, von dem wir wissen, dass er nicht gleich alle unsere Anforderungen und Erwartungen erfüllt«). Der Start in die Niedrigleistung kann sich aber auch weit nach der Einstellung ergeben, wenn sich beispielsweise Anforderungen oder die Regeln der Leistungserbringung wandeln.

Fallbeispiel
Frau N. war viele Jahre ein engagiertes, nerven- und leistungsstarkes Teammitglied einer psychosomatischen Station. Seitdem die Station in den letzten Jahren zunehmend kränkere und akut belastetere Patientinnen versorgt, wächst in ihr das Gefühl »Dies ist nicht mehr meine Welt«. Hinzu kommt die in ihren Augen ärgerliche Bevorzugung von Privatpatientinnen (»Um die wird ein Gescheiss gemacht ...«). Frau N. ist über die Jahre an den Rand des Teams geraten, Arbeit und Kollegen werden ihr zunehmend fremd. Umgekehrt erlebt das Team sie als jemanden, die sich nicht einbringt beziehungsweise auf Kosten der anderen weiter »ihr Ding durchzieht«.

Frau N. steht exemplarisch für die Mitarbeitenden, die erleben müssen, dass ihre Erfahrung in den Wechseln der Währungen des Erfolgs an Wert verliert. Wer die neue Währung nicht einlösen kann (z. B., weil das bisherige Know-how oder die vorhandenen Kräfte zur Bewältigung neuer Aufgaben nicht mehr ausreichen) und die Anpassung an die veränderten Umweltanforderungen nicht schafft, wird ungewollt zum Niedrigleister.

Die Enttäuschung und das Warten auf Besserung

Unabhängig davon, wie die Lücke zwischen Leistungsanspruch und Wirklichkeit zustande gekommen ist – irgendwann fällt sie auf. Die erste Reaktion auf die wahrgenommene Diskrepanz besteht in der Regel darin, auf Besserung zu hoffen. Er hat gerade eine schlechte Zeit, ist noch nicht richtig angekommen oder wird sich schon wieder finden/einklinken. Hält die Minderleistung an, werden aus Hypothesen zu »states« Hypothesen zu »traits«. Das Alter, der Egozentrismus oder mangelndes Arbeitsethos werden naheliegende Erklärungen. Immer drängender wird schließlich die Frage: Kann er nicht oder will er nicht? Je nach vermuteter Ursache der Niedrigleistung schwanken die Kollegen zwischen Mitgefühl und Empörung. In jedem Fall vergeht Zeit. Meist besteht insgeheim die Hoffnung, das Problem könne sich von selbst lösen. Bleibt die Konfrontation aus, werden mehr oder weniger bewusst Nischen gebildet, die für alle Beteiligten temporär hinnehmbar sind. Diese Nischen sind jedoch nichts anderes als eine implizite Anpassung der Rollenerwartung an das jeweilige Teammitglied. Das Auseinanderklaffen von Erwartung und tatsächlicher Leistung wird mit zunehmender Wiederholung zum neuen »Normal«. Alle machen X, Y und Z und nehmen in Kauf, dass »diese eine« ausschließlich Y macht. Diese Erwartungsanpassung entlastet kurzfristig das gesamte Team, mündet mittel- und langfristig aber fast immer in Spannungen:

Fallbeispiel
In der Supervision auf einer onkologischen Station zeigt sich erst nach vielen Sitzungen eine wesentliche Wurzel der angespannten Stimmung im Team. In einer Befragung mittels Checkliste (vgl. in Kapitel III den Abschnitt zu Votings und Befragungen) fällt auf, dass ein substanzieller Teil des Teams die Arbeit nicht als »gerecht verteilt« erlebt. Auf Nachfrage wird deutlich: Nur sehr wenige Pflegekräfte haben die nötige Fortbildung, um eine besonders aufwändige und gefährdete Patientengruppe im Isolierzimmer zu betreuen. Die Frage »Wer macht heute Zimmer eins und zwei?« stellt sich daher nicht – es sind immer dieselben. Appelle an die anderen Kollegen, sich entsprechend zu qualifizieren, verhallen bislang. In der Geschichte dieser Ungleichverteilung zeigt sich das prototypische Muster: Aus punktuellen Schonräumen, die von Verständnis für Unsicherheiten und Leistungsunterschiede getragen werden, werden Nischen, die zunehmend Anlass für Ärger sind.

Spätestens jetzt kettet sich die Niedrigleistung fest an die jeweilige(n) Person(en). Alternative Erklärungsversuche (»Wir haben das nicht klar genug kommuniziert«, »Die Fortbildungsangebote lagen immer in den Schulferien«) kommen nicht mehr in Betracht. Es ist, wie es ist, weil der Niedrigleister ist, wie er ist. Mit dieser Erklärung erspart das Team seinen *low performern* Arbeit (»Dann mach ich's lieber gleich selbst«) und sich selbst die unangenehmen Gefühle einer offensiven Klärung. Für die Betroffenen entsteht trotzdem langfristig ein Gefühl des Ausgeschlossenseins: »Ich würde ja, aber ich werde nicht einbezogen/die reagieren sofort genervt auf jede Frage« etc. lauten mögliche Erklärungen für die selbst erlebte Dysbalance.

Insbesondere, wenn Mitarbeitende die Minderleistung als Folge mangelnder Eingewöhnung (»Die braucht noch etwas«) oder Leistungswandlung (»Bisher war das doch ein engagierter und netter Kollege«) einordnen, erleben sie sich in einer Loyalitätsfalle: Keiner möchte den Kollegen bei der Chefin anschwärzen. Diese Geduld muss sich das Team jedoch leisten können. Geduld braucht Perspektive. Gerät diese Perspektive durch Arbeitsverdichtung, wachsende Umsatz- und Produktivitätserwartungen, Projektdeadlines, Krisen oder hohe Krankenstände unter Druck, keimt die Frage nach dem Beitrag des »Niedrigleisters«

wieder auf: »Wo bleibt die Gerechtigkeit?« und »Wann kümmert sich jemand darum?« Aber auch: »Wie lange kann ich das selbst noch durchhalten?«

Auswirkungen auf das Team – Ohnmacht auf allen Seiten

Gerade wenn die Ungleichverteilung lange Zeit toleriert wurde, gehen die Kipppunkte mit heftigen Emotionen einher. »Niedrigleistende« klagen über Ausgrenzung, über fehlende Hilfestellung, über Undankbarkeit, mangelndes Einfühlungsvermögen oder sogar Mobbing. Teams beschweren sich über das offensichtliche Messen mit zweierlei Maß und die damit verbundene Ungerechtigkeit. Führungskräfte sehen sich in ihren Mühen, allen gerecht zu werden, selbst nicht ausreichend gesehen und überschreiten gar nicht so selten eigene Leistungsgrenzen, um Missstände auszugleichen.

Zu diesem späten Zeitpunkt bleibt gefühlt oft nur die Wahl zwischen Pest und Cholera. Akzeptieren wir die Ungleichheit, schaffen offizielle Nischen und kompensieren die dabei entstehenden Lücken? Oder überfordern wir die Betroffenen, denen dann ihrerseits nicht viel mehr als die Flucht in den Krankenstand bleibt? Die Auseinandersetzung um die Leistungsunterschiede wird also zu einem Zeitpunkt unausweichlich, an dem die faktischen Handlungsmöglichkeiten immer weiter abgenommen haben. Das Ergebnis ist hohe Emotionalität auf allen Seiten bei gleichzeitiger operativer Ratlosigkeit. Drehen wir diese Abwärtsspirale um, zeigt sich der Stellhebel der Führungskraft. Er liegt im Wesentlichen in der frühzeitigen Konfrontation mit dem, was drin sein muss, um drin bleiben zu können.

3 Was hilft und wann hilft Helfen?

Entdramatisierung des letzten Platzes und Umfokussierung
von Output auf Input

Damit überhaupt konfrontiert werden kann, gilt es zunächst die Niedrigleistung als solche zu entdramatisieren. Einer muss die rote Laterne tragen. Ein schillerndes Beispiel dafür ist Michael Edwards, besser bekannt als »Eddie the Eagel«: Der britische Stuckateur wollte in den späten 1980er Jahren unbedingt an den olympischen Spielen teilnehmen. Bis dato hatte es noch keinen britischen Skispringer bei Olympia gegeben. Edwards begann an internationalen Skisprungwettbewerben teilzunehmen. Seine 73,5 Meter bescherten ihm den letzten Platz bei den Nordischen Skiweltmeisterschaften in Oberstdorf 1987, machten ihn aber auch zum britischen Rekordhalter und brachten ihm sein Ticket nach Calgary zur Teilnahme an Olympia. Auch hier war er nicht erfolgreicher, was unter anderem auch daran lag, dass er neun Kilo schwerer war als alle anderen Starter. Hinzu kam eine extreme Weitsichtigkeit. Ohne Brille ging gar nichts, diese lief bei den Witterungsbedingungen jedoch regelmäßig an, so dass man ihn vor dem Sprung des Öfteren beim Reinigen seiner Gläser beobachten konnte. Das Publikum verliebte sich schnell in den unerfolgreichen »Eddie the Eagle«, während er sich von den Etablierten der Skisprungszene anhören musste, er würde sich über den Sport lustig machen. Unabhängig davon, was seine wirklichen Motive gewesen sein mögen, sein Mut und Engagement waren beachtenswert. Sein Output blieb lausig, sein Input war es jedoch, der ihm Respekt und Anerkennung bescherte. Das Beispiel ist sicher nicht eins zu eins auf den Organisationsalltag übertragbar. »Eddie the Eagle« war alleiniger britischer Vertreter und als solcher eben nicht Teil eines Teams, das seine schlechte Leistung ausgleichen musste. Dennoch steht seine Geschichte stellvertretend für die Umfokussierung vom Output auf Input. Wir können nicht alle gleich viel leisten, aber wir können von allen vergleichbares Engagement erwarten. Diese Perspektive ermöglicht, in Teams die Rolle des letzten Platzes zu entdramatisieren und gleichzeitig besprechbar zu machen. Angewandt auf obiges Fallbeispiel könnte dies vielleicht so aussehen:

B.: »Ohne Frage ist die Versorgung dieser Schwerstkranken für Menschen mit viel Erfahrung besser zu bewältigen. Gleichzeitig scheint es mir in Ihrer Situation nicht nur um den Output zu gehen (Wer übernimmt wie oft das Isolierzimmer?), sondern auch um den Input: Erkennen wir ein Bemühen, inhaltlich aufzuschließen und dazuzulernen? Welchen Input erwarten Sie als Stationsleitung (z. B. Fortbildungsbereitschaft), welchen Input wünschen sich die erfahreneren Kolleginnen hier im Raum (z. B. deutliche Rückmeldung, mit welchen Leistungen verbindlich gerechnet werden kann)?«

Zur Entdramatisierung des letzten Platzes mögen darüber hinaus folgende Erkenntnisse beitragen:
1. Rein logisch muss in einer Gruppe von Arbeitnehmenden immer ein Arbeitnehmer das Schlusslicht sein.
2. Angesichts immer kürzerer Veraltungsgeschwindigkeiten von Wissen und Erfahrung (Rosa, 2005) werden wir alle über kurz oder lang mit hoher Wahrscheinlichkeit zumindest temporär zum *low performer* (z. B., weil das einmal erworbene Wissen nicht mehr up to date ist oder sich das Aufgabenprofil nach einer Umstrukturierung verändert). Niedrigleistung weist lediglich auf eine notwendige Anpassungsleistung hin.

3. Je früher diese Anpassungsleistung erfolgt, umso höher ist die Chance, dass aus einem temporären *low performer* kein dauerhafter wird. Dafür braucht es Dialog und die frühzeitige Konfrontation.

Frühzeitige und kontinuierliche Konfrontation mit der Ist-Soll-Diskrepanz

Nischen bilden sich als evolutionäre Produkte mit der Zeit von selbst. Das Spekulieren darüber, ob die »Niedrigleisterin« nicht kann oder nicht will, kostet Zeit. Zeit, in der sich Erwartungen an Minder- oder Schlechtleistung chronifizieren können und/oder zur selbsterfüllenden Prophezeiung werden. Um frühzeitig und kontinuierlich Minderleistung konfrontieren zu können, ist es wichtig, von der Motivebene (»Warum macht sie das nicht?«) auf die Handlungsebene zu fokussieren (»Sie macht nicht«). Unabhängig davon, ob die Betroffene nicht besser kann oder nicht besser will, und unabhängig davon, wer das Defizit verschuldet – wichtig ist zunächst festzuhalten, dass die Leistung im Moment nicht zufriedenstellend ist.

Diese Konfrontation ist als »Wert-Schätzung« im engeren Sinne des Wortes zu verstehen. Nur wer weiß, was gebraucht wird, kann sich selbst gebraucht fühlen. Und vermelden, wo er selbst noch Hilfe braucht. Zeitnahe und ehrliche Rückmeldung ist eine Investition in die Arbeitsbeziehung und sorgt mittelfristig für festeren Grund: »Wenn wir beide wollen, dass du hier deinen Platz findest, musst du X und Y erfüllen«. Die naheliegenden anschließenden Fragen lauten: »Was brauchst du, um X und Y erreichen zu können? Wie lange brauchst du dafür?« All das kann in einem Zielvereinbarungsgespräch besprochen werden, das Erwartungen, Erfordernisse und die Folgen der Nichterfüllung transparent macht, um daraus konkrete Handlungen abzuleiten. Im besten Fall sind Mitarbeitende durch die Konfrontation versichert: »Das ist es, was ich tun kann, um wieder anzuschließen und geschätzter Teil des Teams zu sein«.

Es sei noch einmal betont: Je früher die Konfrontation erfolgt, desto weniger emotionale Ladung führt sie im Gepäck und desto höher sind die Chancen auf Wirksamkeit für beide Seiten. Dies gilt auch dann, wenn sich zeigen sollte, die geforderte Anpassungsleistung ist nicht bewältigbar und Trennung bzw. Versetzung müssen in Erwägung gezogen werden.

Konstruktive Konfrontation mit dem Entwicklungsbedarf und mehr oder weniger geduldige Kompensation der Minderleistung machen nur dann Sinn, wenn es ein »Genug« der Rückmeldung und Hilfe geben darf. In der Praxis begegnen uns immer wieder Konstellationen, in denen Einzelne in ihrer Normabweichung ganze Abteilungen lahmlegen. Wann haben wir genug versucht? Diese Frage kann vielleicht nicht immer eindeutig beantwortet werden, gestellt werden muss sie dennoch. Hilfe, die die Nicht-Hilfe nicht als legitime Option mitführt, läuft immer Gefahr zu chronifizieren. Geht die Niedrigleistung anhaltend mit Nicht-Kooperation einher, müssen »Stopp-Regeln« definiert und kommuniziert werden. Mitarbeitenden und Führungskräften muss klar sein, wann Schluss ist mit dem gemeinsamen Tanz um Abweichung und Norm. Erst wenn alle Beteiligten wissen, wann die Hilfe endet, kann diese wirksam werden.

Grundlage dieses Kapitels war die Hypothese einer akzeptablen Normvorstellung. Klar ist jedoch auch, dass Leistungsnormen und Zielvorgaben subjektive Größen sind, die hinterfragt werden können. Nicht immer sind Vorgaben realistisch umsetzbar. Dann geht es nicht um die Förderung konstruktiver Interaktionen rund um Anpassungsprozesse, sondern um konstruktive Formen des Widerstands (vgl. hierzu auch Kapitel XI).

X »Powered by emotion« – zum Umgang mit Gefühlen in der Begleitung von Teams

1 Erlebte versus kommunizierte Gefühle

Auch wenn Organisationen aufgabenorientierte Systeme sind und sein müssen, um dauerhaft zu bestehen, sind sie auch Orte großer Emotionalität. Am Arbeitsplatz erleben wir zahlreiche Gefühle, von Stolz bis Ohnmacht, von Neugier bis Langeweile, von Zugehörigkeit bis Angst. Emotionen sind omnipräsent und greifen an vielen Stellen in die Handlungssteuerung ein. Bevor wir der Frage nachgehen, wie wir mit zum Teil intensiven Gefühlen arbeiten können, versuchen wir eine systemische Einordnung: Wer hat Gefühle, wie äußern sie sich und was folgt aus ihnen?

Ausgehend von der Frage nach der Systemreferenz können wir grob zwischen dem Menschen (mitsamt Psyche und Körper) und der Organisation beziehungsweise dem Team unterscheiden. Hier sei an Kapitel I erinnert: Beide Systeme sind eigenständig, das heißt, nur weil Hans etwas fühlt, heißt das noch lange nicht, dass davon im Team etwas entscheidungsrelevant wird, und nur weil alle denken, Petra sei im Moment sehr frustriert, heißt dies nicht, dass sie nicht auch erleichtert sein kann, dass der Kelch der Beförderung an ihr vorbeigin, auch wenn sie sich mit dem Ausdruck dieser Freude – aus guten Gründen – eher zurückhält. Kurz: wir haben es mit individuell *empfunden* Gefühlen im Falle des Menschen und *kommunizierten* Gefühlen im Falle des Sozialsystems zu tun.

Im individuellen Erleben sind Emotionen stets ganzkörperlich. Man ist von ihnen ergriffen von Kopf bis Fuß, voll und ganz. Selten fühlt sich nur der Fuß überfordert, während der Bauch freudig erregt ist. Dieser umfassende Anspruch wird auch sprachlich deutlich. Fühlen wir, dann gilt: Ich *bin* das Gefühl – unabhängig davon, ob dies nun traurig, fröhlich, wütend oder schockiert sein mag. Dieses körperliche Erleben wird psychisch mit Bedeutung belegt, und zwar in drei Dimensionen: aktiv versus passiv (»Aktivität«), stark versus schwach (»Potenz«) und gut versus schlecht (»Evaluation«; Simon, 2004). Technisch ausgedrückt sind Emotionen physiologisch-psychologische

Aktivierungsmuster, die der Anpassung an sich wandelnde Umweltbedingungen dienen. Auf physiologischer wie psychischer Ebene gilt: Sie sind in den meisten Fällen eher kurzlebig.

Fängt zu Beginn einer Fallsupervision eine Teilnehmerin in der Einführungsrunde zu weinen an, weil im Moment einfach alles zu viel sei, in der Arbeit aber auch daheim, ist daher meist gar nicht viel zu tun. Emotionen kommen und gehen. Das Warten wird leichter, wenn die Supervisorin signalisiert, dass es in Ordnung ist zu weinen, dass die Supervision durchaus auch ein Raum ist, in dem man etwas stark empfinden darf. Gegebenenfalls bietet sich eine Validierung an, ohne dabei in einem möglichen Konflikt Partei zu übernehmen oder in zu tiefe Deutungen einzusteigen. »Sie drücken gerade etwas aus, was vermutlich viele hier im Raum kennen. Es ist viel und immer wieder auch mal *zu* viel.« Oft genügen schon diese Kleinstinterventionen, die Eingangsrunde kann weiter gehen und die Teilnehmerin zu weiterer Selbstregulation ermutigt werden. »Sie nehmen sich einfach noch kurz Zeit für sich. Ich frage Sie dann nachher nochmal, ob aus dem, was sich da gerade gemeldet hat, auch ein Anliegen für diese Runde erwächst oder eben nicht. Prüfen Sie das für sich.«

Ereignen sich Gefühlsausbrüche inmitten eines Beratungsprozesses, kann auch eine kurze Pause eingelegt werden. Im Gespräch mit der Beraterin kann in dieser Auszeit entschieden werden, wie es für den Betroffenen in diesem Moment mit der Beratung gut weitergehen kann. Sich herauszunehmen, um dem nachzugehen, was sich meldet, traurig bleiben aber dabei sein oder sich peu à peu wiedereinklinken und zeigen, dass das Leben weitergeht, sind gleichwertige Optionen, denen wir als Verantwortliche für den Gesamtprozess allparteilich gegenüberstehen.

Starke Emotionen sind für die Betroffenen im Beratungskontext meist selbst überraschend. Der zumindest kurzfristige Verlust der »Beherrschung« ist meist mit leichten Schamgefühlen verbunden. Eine Haltung, die diese Ausbrüche an Menschlichkeit willkommen heißt, ohne sie mit Bedeutung zusätzlich aufzuladen, und nach gelungener Regulation den Gefühlsträger als vollwertiges, nicht über die Maßen schützenswertes Individuum behandelt, hat sich unserer Erfahrung nach an vielen Stellen bewährt.

Gefühle können sowohl zu viel als auch zu wenig Raum im Beratungssystem einnehmen. Auch im Umgang mit ihnen lohnt sich der Blick von der Metaebene: Welche Macht entfalten kommunizierte Gefühle innerhalb des Teams? Wo begrenzen sie den Raum des Sagbaren ungut? Welche Empfindungen sind anschlussfähig, welche nicht?

2 Unterschiedsbildende Interventionen im Umgang mit kommunizierten Emotionen

Das Bauchgefühl zählt – Gefühle aufwerten

In ihren Forschungen zu sogenannten »High Reliability Organizations« (HRO) sensibilisieren uns Weick und Sutcliffe (2015) dafür, dass Organisationen, die keinen Fehler machen dürfen (in der Notfallmedizin, auf Flugzeugträgern, in der Feuerbekämpfung, im Atomkraftwerk), gut daran tun, das Störgefühl »Etwas stimmt nicht« als besondere Lernchance zu schätzen und zu nutzen. Das Störgefühl, dass seine Trägerin nicht (!) begründen können muss, gilt in HROs oft als ausreichende Rechtfertigung, den laufenden Prozess zu unterbrechen und innezuhalten, oder dient als Anlass, im Nachhinein die gemeinsame Reflexion zu suchen. In der Folge wird versucht, den guten Gründen für das ungute Gefühl auf die Schliche zu kommen: »Angenommen, wir haben diesmal nur Glück gehabt und dein Unbehagen hätte seine Berechtigung, an welchen Stellen könnten wir scheitern und was wäre folglich zu tun?« Reflexionen dieser Art vergemeinschaften den gegenwärtig geltenden Standard und hinterfragen ihn gleichzeitig auf seine situative Brauchbarkeit. Von beiden Momenten profitiert die HRO und investiert so in ihre zukünftige Resilienz.

Auch wenn es nicht immer um Leben und Tod geht, besteht eine wesentliche Aufgabe von Teamberatung und Supervision darin, den Kommunikationsraum zu vergrößern. Es empfiehlt sich daher, gegenüber angedeuteten Störgefühlen sensibel zu sein und diese ab und an auch bewusst in den Status der Relevanz zu heben: »Sie haben eben gesagt: ›Ich habe kein gutes Gefühl bei der Sache‹ – das scheint mir wichtig. Auch wenn wir nicht sofort erklären können, warum, stecken in unseren intuitiven Einschätzungen oft wichtige Erfahrungswerte. Lassen Sie uns einen Moment innehalten und gemeinsam überlegen: Welche guten Gründe könnte es für Ihr Unbehagen geben?«

Gerade in der Fallsupervision hängt die Hürde »Wann ist ein Fall ein Fall?« oft zu hoch (vgl. hierzu auch Kapitel IV, Abschnitt 1). Auch ohne konkrete Frage oder Problemstellung kann mit einem Verweis auf die Forschungen zu HROs schon ein diffuses Unbehagen ein begründeter Anlass zur Reflexion sein.

»Ich fühle, also gilt es?« Übermächtige Emotionen ent-machten

Luc Ciompi beschreibt Gefühle, die im sozialen Raum wirksam werden, mit dem Begriff der »emotionalen Ansteckung« (Ciompi, 2004). Das, was im Einen wirkt, bringt nach mehr oder weniger gelungener »Infektion« auch in der Anderen etwas in Schwingung. Wer auch immer das Olympiastadion mit Gefühl füllt, ob Comedian, Politikerin, Fußballmannschaft oder Rockstar – die emotionale Welle erfasst die Arena und alle, die in ihr aktiv sind. Und weil Gefühle individuell voll und ganz empfunden werden (s. o.), gilt auch: Wer fröhlich ist, wird nicht zeitgleich stänkern und wer stänkern will, wird tunlichst ärgerlich aus der Veranstaltung gehen. Gefühlsansteckung ist ein mächtiges Instrument. Wer sich dieses Mechanismus' politisch bedient, ist daher mit Vorsicht zu genießen. Auch in der Beratung kommt es zu emotionaler Ansteckung. Manch einer macht sich dies zu Nutze und fragt die erfahrungsgemäß am meisten klagende Mitarbeiterin in der Eingangsrunde zuletzt nach ihrem Befinden oder in der Abschlussevaluation zunächst die freundlich schauenden Teilnehmerinnen nach Feedback.

Als Beraterin in den affektiven »Lead« zu gehen und bewusst mit der dominanten emotionalen Atmosphäre im Raum zu brechen, erfordert Mut, kann jedoch wichtige Musterunterbrechungen anregen. In einem Kontext, in dem schmerzliche oder zweifelnde Empfindungen eher bagatellisiert oder übergangen werden, eröffnet empathisch-neugieriges Dranbleiben wertvollen Raum (»Sie haben gerade kurz erwähnt, ›das war knapp letzte Woche‹ – ich habe mir gerade versucht vorzustellen, wie sich das angefühlt haben muss an Ihrer Stelle. ›Knapp‹ ist wahrscheinlich noch ein Euphemismus?«). Umgekehrt kann es nützlich sein, ernsthafte Themen mit einer Prise Humor in einen anderen affektiven Rahmen zu stellen.

Fallbeispiel
In einer Teamberatung wird die Themensammlung mit den Worten eingeleitet: »Wir brauchen uns hier gar nicht zu großen Teamfragen auszutauschen, wir kriegen es ja noch nicht mal hin, dass jeder seine Kaffeetasse und sein Geschirr im Aufenthaltsraum in die Spülmaschine stellt«. Auf diese Eröffnung hin entspinnt sich unmittelbar eine Diskussion darüber, wer wie oft was wann wegräumt und wer nicht und so weiter. Die Beraterin folgt dem Diskurs eine Weile und unterbricht dann: »Liebe Mitglieder dieses Teams, ich möchte Sie gerne zu einer Mini-Fortbildung einladen. Dazu nehmen Sie bitte Ihre Tasse und gegebenenfalls Ihre Wasserflasche in die Hand, stellen sich in zwei Reihen auf und gehen wohlsortiert nacheinander mit mir in den Aufenthaltsraum«. Dort angekommen, hält die Beraterin dann mit ernster Miene – sprachlich angelehnt an eine Verkaufssituation im Küchenstudio – eine Mini-Fortbildung, in der gezeigt wird, wie die Geschirrspülmaschine zu öffnen, zu beladen, anzustellen ist und was getan werden könnte, wenn diese voll ist. Um die Etablierung neuer Verhaltensweisen zu unterstützen, erhält das Team für die Erprobungsphase von vier Wochen vier Kästen mit Minischokoládchen, verbunden mit folgenden Spielregeln: Wenn ich in der Küche mein Geschirr

wegräume, darf ich mir ein Schokolädchen nehmen, wenn ich das Geschirr von jemand anderem wegräume, drei ... Das Thema wurde in den weiteren Teamberatungssitzungen nicht mehr aufgeworfen. Ob es an der Intervention lag oder nicht, wer weiß das schon.

Aus systemtheoretischer Perspektive können wir Emotionen als symbolisch generalisiertes Erfolgsmedium fassen (Simon, 2004). Das heißt, gelangen Emotionen (verbal oder nonverbal) in die Kommunikation, werden mit »ihrer Hilfe Kontextmarkierungen kommuniziert, welche die Deutungsmöglichkeiten der Situation leiten und einschränken und gerade dadurch das Zustandekommen charakteristischer Kommunikation überhaupt erst wahrscheinlich machen« (Simon, 2004, S. 123). Ein Beispiel mag die abstrakte Formulierung veranschaulichen:

Fallbeispiel
In einer Beratungsstelle wird auf Impuls des ehrenamtlichen Vorstands die ehemalige Leitung »geschasst« und die Arbeit der Verbleibenden auf die eine oder andere Weise immer wieder »unnötig erschwert«, so dass weitere Mitglieder des alten Teams sich »verabschieden«, »weil sie so nicht mehr arbeiten wollen«. Zwischenzeitlich sind mehr als die Hälfte der Beratenden neu, wobei die »jüngste Neue« nun schon seit einem Jahr dabei und als Leitung angestellt ist. Die »Älteren« zeigen sich bereits zum Auftakt der Beratung empört. »Wir waren mal wer in unserem Gebiet!« und »Das wurde alles mutwillig und rücksichtslos niedergerissen!«. Manche sind resigniert und fragen sich, »ob sie so überhaupt weiterarbeiten wollen – es tut einfach weh, die alten Wegbegleiterinnen nicht mehr im Büro zu sehen«. Auch wenn die Gefühle von Trauer und Wut nicht expliziert werden, die emotionalen Kontextmarkierungen sind unmissverständlich: Uns wurde Unrecht getan, wir wurden nicht gut gesehen – allein die Intensität des Vortrags schränkt zumindest die äußerbaren Interpretationsmöglichkeiten ein. Hinzu kommt, dass der Arbeitskontext eine eher positive Voreingenommenheit gegenüber Gefühlen pflegt (»Hinter jedem Gefühl steckt ein wichtiges Bedürfnis«). Auch dies macht eine Abgrenzung eher unwahrscheinlich (»Jetzt ist mal genug getrauert. Das Leben geht weiter«). Für die »neueren« Kollegen wird damit die Aneignung ihrer Position zu einem Ding der Unmöglichkeit. Jede Initiative, jeder Veränderungsimpuls birgt Verletzungsgefahr und könnte erneut schmerzliche Gefühle wachrufen. Charakteristisch für diese Konstellation stellt sich eine Pseudokooperation ein – man ist freundlich und zuvorkommend, die Konfrontation und inhaltlich notwendige Verhandlungen bleiben jedoch aus.

Für solche kommunikativen Wirkungen emotionaler Äußerungen sensibilisiert zu sein, erscheint uns ungemein nützlich in der Moderation dieser oder ähnlicher Prozesse. Wichtig ist, dass die einschränkende *Wirkung* emotionaler Kommunikation nicht mit einer einengenden *Intention* gleichzusetzen ist. Nur weil emotionale Äußerungen den Korridor der Antwortmöglichkeiten schmälern, müssen die Akteure dies nicht beabsichtigen. Die Beteiligten können beste Ansinnen verfolgen, und dennoch erschwert die Wirkung ihrer Äußerungen den Kolleginnen den Arbeitsalltag.

Im vorliegenden Fall wurde die emotionale Atmosphäre mit einer validierenden Metapher aufgegriffen:

B.: »Wenn ich Ihnen zuhöre, habe ich den Eindruck, Sie sitzen heute hier und berichten im Prinzip, dass Ihr Haus von einer höheren Macht ohne guten Grund zerschlagen wurde. Es gibt noch einzelne Räume, aber diese prächtige Villa, die es mal war, die ist es nicht mehr. Einzelne Reste ja, aber all das, was stolz gemacht hat, Bewohnerin dieses Hauses zu sein, das wurde zerstört, und zwar, und das kommt noch obendrauf, ohne guten Grund. Und das schmerzt und ohne Ihnen etwas andichten zu wollen, das macht Sie traurig und auch wütend. Also mir würde es, glaube ich, so gehen. Kann man das so in etwa sagen?«

K(OLLEGE): »Ja ... also das war jetzt keine riesige Villa, aber ...«

B.: »Ein stolzes Haus.«

K.: »Ja, genau, so. Das schon.«

B.: »Genau. Ein stolzes Haus. Und an den Resten dieses Hauses stehen Sie nun, zusammen mit alten Vertrauten und zwischenzeitlich sind auch Neue dazugekommen. Was glauben Sie, wie ist das für die, das zu sehen?«

K.: »Ja, denen tut das leid, was da passiert ist ...«

B. [Blick in die Runde]: »Ist das so?«

[Zwei Teilnehmerinnen bekunden ihr Mitgefühl]

B.: »Was glauben Sie, wie ist das für die, hier mit Ihnen aber auch mit all der verständlichen Wut und Traurigkeit an den nicht sehr wohnlichen Resten zu stehen?«

K.: »Blöd! [alle lachen] Na, die wollen das Haus doch wieder aufbauen.«

In der Folge wird mithilfe der Metapher der aktuelle Kommunikationsraum weiter exploriert. Was passiert, wenn der Wintergarten aufgebaut wird, aber anders als *der* Wintergarten, der früher mal war? Was passiert, wenn die Trauer über den Verlust des Alten beim Neuaufbau mal wieder durchkommt? Wie sieht ein guter Umgang mit der Expertise der langjährigen Mitarbeitenden aus? An welchen Stellen bedeutet ein Nicht-Gebrauch der Expertise nicht gleichzeitig erneute Missachtung? Durch die Benennung der Emotion kann in größerer Sachlichkeit *über* die Wirkungen der Emotion gesprochen werden. Eine Hinwendung zur verbindenden Aufgabe wird wieder möglich.

Zumindest in der Theorie können wir zwischen Kommunikation unterscheiden, die auf Handlungen (»Bitte hilf mir!«) oder auf Erleben zielt (»Mir geht's nicht gut«). Auch mit Aussagen, die von Erleben handeln, kann im Interpretationsprozess eine Handlungsaufforderung verbunden werden (das berühmt-berüchtigte »Appellohr«). Dies bedarf jedoch eines aktiven Zutuns der Empfängerin. Sonst wird aus »Mir geht's nicht gut« weder »Komm, ich helf dir« noch »Dann lass ich dich mal lieber«.

Die Unterscheidung von Erleben und Handlung kann allgemein auf Kommunikation angewandt werden, und so auch auf die Kommunikation von Emotionen. Auch hier ist grundsätzlich beides möglich, ein wütendes und handlungsorientiertes »Ich will, dass jetzt mal jemand anderes diesen Scheißdienst macht!« oder eine eher diffuse auf das Erleben abzielende Mitteilung: »Irgendwie fehlt mir was«. Fassen wir kommunizierte Emotionen mit dem systemtheoretischen Begriff des »generalisierten Erfolgsmediums«, meint dies: Unwahrscheinliche Kommunikation wird wahrscheinlicher und die Annahmewahrscheinlichkeiten dessen, was gesagt wird, werden erhöht. Emotionen wirken überzeugend, weil sie, wie jedes symbolisch generalisierte Erfolgsmedium, dazu motivieren, sich auf sie zu beziehen (Luhmann, 1984). Das führt dazu, dass Argumente und Forderungen, die auf Handlung abzielen, mit einer Prise Emotion in der Kommunikation eine erhöhte Annahme erfahren.

Fallbeispiel

In einer psychiatrischen Klinik werden zwei Teams aus Gründen der Patientenversorgung zusammengelegt. In der gemeinsamen Supervision wünschen sich alle Teilnehmenden, sich mehr »als Team zu fühlen« – denn bislang fühle sich vor allem das kleine Team, das zum größeren dazugekommen sei, noch nicht als Teil des Neuen. In der Exploration der möglichen konkreten Beiträge zum Zusammenwachsen zeigt sich folgendes Muster: Die größere Alt-Station ist fleißig am Ideen sammeln, die kleinere Station bekundet vor allem die Verluste und die damit einhergehende Trauer. Für diese gibt es allseits viel Verständnis – es sei schließlich auch so, dass das »kleine Team« mehr verloren habe. Dieses Feedback führt sichtlich zu Erleichterung: »Es tut gut, das so zu hören«. Nach einer würdigenden Zusammenfassung wird die Führungskraft nach ihrem Blick auf die Situation befragt: »Ganz ehrlich: Das machen wir doch schon seit Monaten! Wir haben nur Verständnis! Wann ist es denn damit mal genug? Wann darf man denn mal wieder was fordern?«.

Wer sich traurig, belastet, überfordert zeigt, der bekommt selten noch eins drauf. Wie das vorliegende Beispiel jedoch zeigt, kann dies mitunter Teil des Problems werden: Ein Team ist eben erst ein solches, wenn es sich gemeinsam einer Aufgabe verschreibt (Edding u. Schattenhofer, 2020). Bleibt diese Anforderung aus Rücksichtnahme aus, bedeutet dies im System einen Entwicklungsstopp aus Mitgefühl. Eine hilfreiche Musterunterbrechung in der Beratung besteht deshalb gar nicht so selten auch darin, bewusst nicht auf mitkommunizierte Affekte einzugehen.

Fallbeispiel
Frau S. äußert sich wiederholt angestrengt und abwertend über die gegenwärtige Arbeitssituation wie auch über die Supervision. Auf die Frage der Supervisorin, was Frau S. brauchen könnte von der Supervision und gegebenenfalls auch darüber hinaus, stößt sie aus: »Was ich am meisten brauchen könnte, wäre, hier nicht rumsitzen zu müssen«. Die Supervisorin greift die Botschaft auf der Inhaltsebene auf und fragt nach. »Verstehe ich Sie richtig, für Sie wäre es das Hilfreichste, nicht mehr an der Supervision teilnehmen zu müssen?« Frau S. bestätigt dies. Da Frau S. mit ihrer Stimmung in der Vergangenheit viel Raum und Energie der Teammitglieder eingefordert hat, entscheidet sich die Supervisorin bewusst, nicht auf den mitkommunizierten Affekt (Kränkung, Aggression, Abwertung) zu reagieren, sondern Frau S. radikal ernst zu nehmen. »Dies scheint mir vor allem eine Frage an Sie, Frau B., als Teamleitung, aber auch an das Team: Wären Sie damit einverstanden, wenn Frau S. eine Weile nicht an der Supervision teilnimmt?« Sowohl Frau B. als auch das Team sind einverstanden (»Wenn es das ist, was du willst ...«), wir vereinbaren einen Zeitraum und ein spätestes Rückkehrdatum. Im Nachgang zeigt sich das Team erleichtert, Frau S. gibt jedoch hinterher an, von der Supervisorin »rausgemobbt worden zu sein« und dauerhaft nicht mehr teilnehmen zu wollen.

Wie das Beispiel zeigt, kann eine solche Intervention sowohl befreienden als auch konfrontativen Charakter haben. Sie zielt darauf, die lähmende Wirkung emotional aufgeladener Äußerungen einzugrenzen. Natürlich ist dies lediglich die eine Seite einer Medaille – und es gibt genügend Organisationen, in denen mehr Rücksichtnahme auf die emotionalen Erfordernisse der Mitarbeitenden wünschenswert wäre. Dies ist vielfach und berechtigt dokumentiert. Aber auch die Gefahr, auf der »anderen Seite vom Pferd« zu fallen, besteht.

Von der diffusen Unzufriedenheit zum verantworteten Standpunkt

Ab und an zielt emotionale Kommunikation auf reines Erleben, bleibt diffus und wiederholt sich dennoch. Zwischen den Zeilen werden Unzufriedenheit mit der Beratung oder der Arbeit im Team mitgeteilt, jedoch ohne, dass darauf wirklich konstruktiv Bezug genommen werden kann. So wird zum Beispiel angedeutet, dass man irgendwie unzufrieden ist (»Der alte Supervisor, der war auch super! So super war der! Also so richtig gut!«), ohne dass dies mit konkreten Veränderungswünschen einhergeht (z. B. »Beim alten Supervisor haben wir uns solche Fälle auch mal mit Aufstellungen angeschaut – könnten wir das bei Ihnen auch mal machen?«). Was einen »anschwappt«, ist die negative Bewertung, ohne dass klar wird, worauf sie sich bezieht. Im Team wird bei wiederholtem Vorkommen deutlich: Hier ist einer in Opposition mit den Verantwortlichen, ohne dafür jedoch Verantwortung zu übernehmen. Als Berater hat man in solchen Fällen weder Befugnisse der Führungskraft (»Herr Müller, so geht es nicht«) noch die Freiheiten der Kollegen (»Kalle, komm mal klar!«). Folgendes Vorgehen hat sich im Umgang mit unzufrieden-abwertenden Zwischentönen bewährt:

- *Freundliche Ignoranz*
  In der Kommunikation hat nur Bestand, was wiederholt vorkommt. Der sarkastische Kommentar kann getrost überhört werden, solange er nur einmal auftritt. Greife ich die Bemerkung unmittelbar auf, wird sie in der Kommunikation bedeutender, bekommt mehr Aufmerksamkeit als gegebenenfalls hilfreich und nötig. Von daher ist es oft professionell, zunächst die Füße stillzuhalten und in das zu investieren, wofür man antreten möchte. Entwickelt das seine Kraft im Miteinander, war der einzelne Ruf der Unke ein einfacher Kontrastpunkt ohne lähmende Wirkung.

- *Erklärungslast zum Kommentator*
  Mehr oder weniger offene Abwertung wirkt für die meisten von uns verunsichernd. Genau diese Unsicherheit bringt uns ins Rudern. Wir bemühen uns einmal mehr, den – in diesem Fall nicht explizierten – Erwartungen zu genügen. Wir strengen uns an und der Kommentator lehnt sich zurück. Wir beginnen uns zu erklären und übersehen, dass eigentlich derjenige, der den Zwischenruf tätigt, die Erklärungslast auf seiner Seite hat. Die simple und nüchterne Frage »Wie darf ich diesen Kommentar verstehen?« kehrt diese Dynamik um. Die Wirkung derartiger Bemerkungen entsteht aus einer Mischung aus Inhalt, Ton und Anzahl der Wiederholungen. Sollte die Rückfrage abgetan werden (»Wie – ich verstehe die Frage nicht?!«), kann sich auf alle drei Aspekte beschreibend bezogen werden: »Sie haben, wenn ich es richtig erinnere, heute dreimal darauf hingewiesen, dass ...«, »Ihr Ton lässt mich vermuten, dass Sie etwas anderes im Sinne haben, als wir bislang besprochen haben. Das würde ich gerne besser verstehen, damit wir das gegebenenfalls berücksichtigen können«. Wird dann abgewunken (»Nein, das sehen Sie falsch«), kann dies willkommen geheißen werden – »Super! Dann heißt das ja, dass Sie da auch dabei sind! Das freut mich!« Wird der Gegenwind expliziert, kann dieser versachlicht werden: »Und was brauchen Sie stattdessen? Wie sähe das genau aus?« Wichtig bleibt auch hier die

Haltung: »Ich lasse dir deine Position und nehme dich für sie in die Verantwortung.« Wir widerstehen sowohl einem Machtkampf als auch dem Versuch, den Betreffenden um jeden Preis zu überzeugen. Eine Äußerung, die bislang rein auf emotionales Erleben abzielt, wird auf die damit verknüpfte Handlung hin hinterfragt. Falls dies in der Gruppe auf Zustimmung trifft (»Sehen Sie das ähnlich, würden Sie davon auch profitieren? Warum? Warum nicht?«), kann es im Sinne aller in die Umsetzung gehen.

Ein letztes Beispiel soll illustrieren, welches Potenzial in der Versachlichung emotionaler Kommunikation liegt.

Fallbeispiel
In einer Fallsupervision sammeln wir in der Eingangsrunde Anliegen. Eine Mitarbeiterin berichtet über einen Fall, »der auch Kollege Thomas mitbetrifft«. Der angesprochene Kollege beschreibt sich bereits zum Start als »akut belastet«, er wolle sich heute zurückhalten. Als wir das Anliegen der Kollegin explorieren, steht Thomas nach einigen Minuten mit den sichtlich erregten Worten auf: »Ich kann das jetzt heute nicht, ich gehe«. Das Team reagiert verstört, die falleinbringende Kollegin verunsichert: »Ich weiß nicht, was falsch daran ist, ich würde halt gern über den Fall sprechen«. Die Beraterin signalisiert Thomas Wahlfreiheit und nimmt ihn gleichzeitig in die Verantwortung für die kommunikative Botschaft seines Verhaltens: »Herr M., selbstverständlich haben Sie das Recht und sogar die Pflicht, für sich zu sorgen, und wenn dazu gehört, die Supervision zu verlassen, dann ist das natürlich in Ordnung. Gleichzeitig ist ›Gehen‹ eine starke Intervention. Sie spüren, dass dies im Raum Verunsicherung auslöst. Es wäre nicht gut, wenn diese Verunsicherung in Spekulationen über Sie mündet. Können Sie uns wissen lassen, *wofür* Sie gehen? Welche Bedeutung sollte ich, sollten die Kolleginnen Ihrem Gehen geben – und welche auch nicht?« Herr M. hält inne, denkt über seine Motive nach und während er sie erläutert, entscheidet er sich, doch zu bleiben.

In verwandten Fällen bietet es sich zudem an, zu fragen, was die betroffene Person braucht, um bleiben zu können. Im obigen Fall wurde die Frage bewusst nicht gestellt, da Herrn M.s Forderung, »nicht über Fall X zu sprechen«, eine unstimmige Einschränkung für die andere Kollegin bedeutet hätte.

Was hier unspektakulär klingt, impliziert die Haltung, unsere Gegenüber in der Teamberatung in ihren emotionalen Äußerungen sehr ernst zu nehmen. Gleichzeitig gilt: Nicht aus jeder geäußerten Emotion wird ein Beratungsauftrag. »Der Weg vom Fühlen zum Handeln ist kurz, schnell und unreflektiert. Wer keine Zeit hat, sollte sich auf sein Gefühl verlassen, wer über hinreichend Zeit verfügt, kann sich sorgfältiges Nachdenken leisten« (Simon, 2004, S. 133).

Die hier dargestellten Überlegungen sollen einen Beitrag leisten, in der Beratung miteinander in diese Form des Denkens zu kommen. Dass Emotionalität dabei allein noch nicht als hinreichendes Argument behandelt wird, heißt nicht, dass nicht sehr wohl darüber gesprochen werden kann, wie Arbeit zu bewerkstelligen ist, menschenfreundlich, gesundheitsförderlich bleibt beziehungsweise wieder werden kann. Die Versachlichung geht nicht gegen die Emotion, sondern dient dem Ausloten ihres Bedeutungspotenzials.

XI Erschöpfte Teams

Wir leben im Zeitalter der Beschleunigung. Wie Hartmut Rosa (2005) in seiner Analyse der Zeitstrukturen der Moderne so eindrucksvoll herausarbeitet, entstehen innerhalb unseres Wirtschaftssystems sich aufschaukelnde Wechselwirkungen aus individueller, technologischer und sozialer Beschleunigung. Technische Innovationen erlauben Effizienzsteigerungen – wir können mehr und schneller produzieren, kommunizieren und reisen und tun dies auch. Dies wiederum treibt den Bedarf für weitere Beschleunigungsinnovationen an. Das dabei entstehende Lebensgefühl gleicht einem rutschenden Hang, den wir immer schneller hochlaufen müssen, um nicht gänzlich abzurutschen und den Anschluss zu verlieren. Ein »Genug« ist nicht in Sicht. Diese Dynamik hat tiefgreifende Auswirkungen auf unser Miteinander. In unserer eigenen Beratungspraxis beschreiben sich die Mehrheit der Teams und Führungskräfte als gehetzt und/oder erschöpft. Immer höhere Produktivitätsvorgaben, immer kränkere Patienten oder anspruchsvollere Kundinnen, immer mehr zu kompensierende Ausfälle. Es kann lähmend sein, Zeuge dieser Erschöpfung zu werden, aber auch wütend machen. Umso mehr stellt sich die Frage, welche Angebote wir erschöpften Teams in unserer Rolle als Beratende machen können. Wir sehen vor allem drei Möglichkeiten der Unterschiedsbildung.

1 Sichtbar machen: Was macht der Druck aus uns?

Menschen unter Zeitdruck verändern sich – dies ist spätestens seit dem Samariter-Experiment von Darley und Batson (1973) bekannt und zwischenzeitlich vielfach bestätigt. Die Autoren untersuchten die Auswirkungen von Zeitdruck auf das Hilfeverhalten von Theologiestudierenden. Im Mittelpunkt des Experiments standen Theologiestudenten, die davon ausgingen, in einer Prüfungssituation zu stehen. Ihre Prüfungsaufgabe bestand darin, eine Predigt über das Gleichnis vom barmherzigen Samariter zu halten. Um zum Ort der Prüfung zu gelangen, mussten alle Teilnehmer den Hof zwischen zwei Gebäuden überqueren. Einige Versuchsteilnehmer wurden nach Zufall einer »Zu-spät-Bedingung« zugewiesen, bei der sie sich sehr beeilen mussten, um noch halbwegs rechtzeitig zur Prüfung zu kommen. Andere kamen in eine »Pünktlich-Gruppe« und wieder andere in eine »Viel-Zeit-Gruppe«. Jeder Teilnehmer kam auf dem Weg zum Prüfungsgebäude an einem Mann vorbei, der in einem Eingang zusammengesackt war und offensichtlich Hilfe benötigte. Von denen, die sich beeilen mussten, halfen lediglich 10 %. Wenn gerade so viel Zeit zur Verfügung stand, um ohne Mühe pünktlich zu sein, halfen 45 % dem Fremden. Am häufigsten leisteten Teilnehmer der »Viel-Zeit-Gruppe« Hilfe: 63 % der »Pünktlich-Gruppe« verhielten sich wie der barmherzige Samariter. Dieser Klassiker der Sozialpsychologie kann als wunderbare Reflexionseinladung für gehetzte Teams dienen: Wenn sogar werdende Priester, die sich gerade mit dem barmherzigen Samariter befasst haben, die Barmherzigkeit dem Zeitdruck opfern – was macht dann der Zeitdruck erst aus uns? In dieser Reflexionseinladung steckt eine kleine Externalisierung. Wir, das Team, stehen dem Zeit-/Effizienzdruck gegenüber. Er wirkt wie eine Kraft auf uns ein, kann uns – bis zur Unkenntlichkeit – verformen, wenn wir dies zulassen.

Die deformativen Kräfte von Zeitdruck sind zwischenzeitlich gut untersucht. Unter Zeitdruck verknappt die Kommunikation, wir suchen nach Abkürzungen und schneller Erleichterung (Zwack, Nöst u. Schweitzer, 2009). Im modernen Organisationsgeschehen kommt zum Zeitdruck die Unterbrechungskultur hinzu (Perlow, 1999; Mark, Gonzalez u. Harris, 2005; Starker, Roos, Bracht u. Graudenz, 2022). All dies hat Auswirkungen auf die Frage, wie viel die Mitglieder eines Teams in gemeinsam getragene höherwertige Ziele, also in Gemeinschaft im weitesten Sinne, investieren. Es hat damit auch Auswirkungen darauf, ob die Teamgemeinschaft als tragfähig und vertrauenswürdig erfahren wird.

Klaffen Anforderungen und Ressourcen konstant auseinander, entsteht in vielen Teams ein Kreislauf aus Effizienzdruck, einem Fokus auf die Versorgung kurzfristiger und individueller Bedürfnisse, einer daraus resultierenden Schwächung der Gemeinschaft, rückläufigem Vertrauen in dieselbe und weiterem Einzelkämpfertum (s. Abbildung 13). Erlebt und beschrieben wird dieses Phänomen meist nicht als Kreislauf, sondern als individuelles Problem. Es ist Margit, die sich mal wieder nicht an die Absprache gehalten hat, und es ist Peter, der auf der Zielgeraden mal wieder alle Veränderungsimpulse zerschießen muss und den anderen das Arbeiten gefühlt noch schwerer macht. Letztlich laufen wir mit solchen Beschreibungen immer auch Gefahr, strukturelle Miseren ungut zu personalisieren. Aus der zirkulären Perspektive wird deutlich, dass es für die Einzelne hochrational sein kann, sich nicht auf Ziele und Veränderungen einzu-

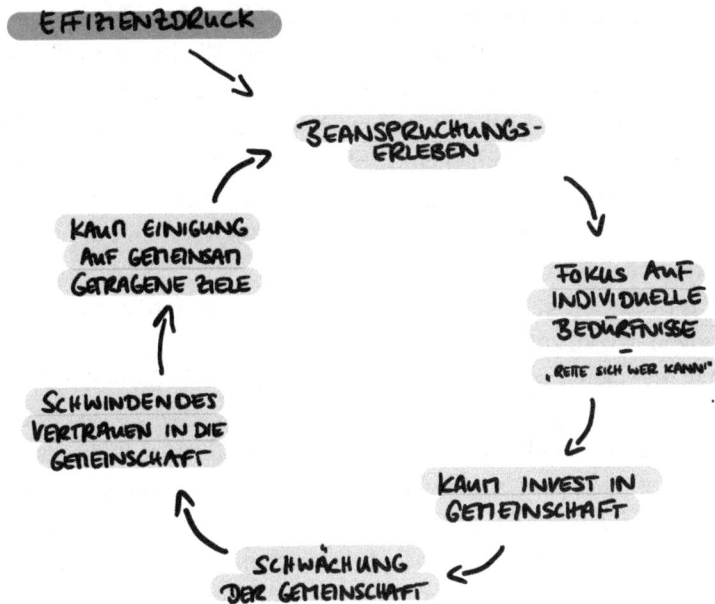

Abbildung 13: Kreislauf der Entsolidarisierung

lassen, die sie etwas kosten, zum Beispiel Zeit, Nerven, Geduld oder Abstriche von persönlichen Freiheiten und Routinen. Der in Aussicht stehende Gewinn ist zu gering. Es ist schon zu lange nicht mehr erfahrbar geworden, dass der persönliche Abstrich und die Investition in übergeordnete Ziele zu einer kollektiven Wirksamkeitserfahrung oder Entlastung beitragen können. Oft gibt es sogar gute Gründe anzunehmen, dass die Tragfähigkeit des Teams im Zweifelsfall gering ausfällt (»Wenn es hart auf hart kommt, steht keiner hinter dir«). In der Teamsupervision macht sich dies dann unter anderem dadurch bemerkbar, dass es kaum gelingt, sich auf konkrete Lösungsansätze zu verständigen oder getroffene Absprachen rasch versanden, denn: Jede Veränderung greift in bestehende individuelle Gewohnheiten ein.

Erfahrungsgemäß finden sich viele Teams im oben skizzierten Kreislauf relativ leicht wieder, insbesondere dann, wenn deutlich wird, dass dies keiner so beabsichtigt. Die zentralen Botschaften lauten:
- Es ist nachvollziehbar und legitim, unter anhaltendem Druck die eigene Haut retten zu wollen.
- Die individuellen Lösungsversuche können in Summe das Leben für alle schwerer statt leichter machen.

Auf dieser Grundlage können die individuellen Überlebensstrategien vorwurfsfrei benannt und in ihren Auswirkungen auf das Miteinander reflektiert werden (»Wie versuche ich unter diesen schwierigen Bedingungen zu überleben? Was mache ich heute vielleicht auch anders als zu Beginn meiner Tätigkeit? Wenn wir all unsere individuellen Überlebensstrategien zusammenlegen – was bedeutet das für unser Miteinander? Wollen wir das?«). Dann ist der Boden bereitet für eine ressourcenorientierte Erkundung vergangener und aktueller Gemeinschaftsleistungen:
- »Was ist das letzte, das wir dadurch, dass wir miteinander an einem Strang gezogen haben, gut hinbekommen haben?«
- »Wie investieren wir derzeit in unser Miteinander? Was verbindet uns?«

Fallen die Antworten hierauf karg aus, ist es wichtig, dies nicht als Bankrotterklärung, sondern als Folge der schwierigen Rahmenbedingungen zu deuten:
- »Kein Wunder, dass Sie da erst mal nichts erinnern, Sie sind schon so lange im Ausnahmemodus«. Im Anschluss können hypothetische Musterunterbrechungen erkundet werden: »Angenommen, wir wollten diesen Kreislauf unterbrechen, wie müssten wir es anstellen? Wer könnte welchen Beitrag dazu leisten?«

2 Solidarisierungsbewegungen unterstützen – antizyklisch investieren

Bei genauer Betrachtung ist der obige Kreislauf kein Kreislauf, sondern eine Abwärtsspirale. Schwimmen uns die Felle davon und scheinen die Ressourcen nicht auszureichen für das, was an Anforderung im Raum ist, suchen wir intuitiv nach Energiesparmodi. Die Sparmaßnahme der einen ist dabei häufig der Mehraufwand für den anderen, was wiederum die Notwendigkeit für weitere Sparmaßnahmen erhöht und so weiter. Wir sparen uns gewissermaßen aneinander arm. Diese Dynamik umzukehren, setzt antizyklische Investitionen voraus. Obwohl ich keine Energien habe, muss ich sie investieren, damit sie mehr werden können. Auf der individuellen Ebene gleicht dies dem inneren Ruck, den ich mir am Ende eines anstrengenden Tages geben muss, will ich nicht den Abend mit energiesparendem, aber entleerendem Couchsurfing verbringen. Auch hier gilt: Die ressourcenschonenden Verhaltensweisen sind nicht immer die regenerierenden. Auch wenn es keinen Sinn macht, den anstrengenden Tag mit einem Halbmarathon zu beschließen, kann es sich lohnen, auch mit fast leerem Akku nochmal loszuziehen: um den Block, zu einer guten Freundin oder auch nur zu einem guten Buch. Hinterher ist der innere Akku paradoxerweise ein klein bisschen voller.

»Wie erzeugen wir miteinander Ressourcenabwärtsspiralen? Wie ziehen wir uns – ungewollt! – energetisch runter?« Auf diese Frage fallen den meisten Teams unmittelbar Antworten ein. »Und wie können wir miteinander Ressourcenaufwärtsspiralen erzeugen? Durch welche kleinen Gesten, Unterstützungen, Achtsamkeiten oder Maßnahmen geben wir uns Kraft und Energie?«

Fallbeispiel
Eine Gruppe von Fachberatern berichtet in der Eingangsrunde der Supervision über hohe Belastungen. Es gebe immer mehr zu tun, gleichzeitig steige der Anspruch an die Selbstvermarktung (»Visibility schaffen, sonst bist du weg«). Einige deuten zaghaft an, die Summe der potenziellen Meetings, bei denen man sich blicken lassen müsse, sei als Teilzeitkraft kaum zu schaffen. Auch die Vollzeitkräfte berichten von erschöpfenden Bemühungen »auf dem Laufenden zu bleiben«. Die Supervisorin bietet im Anschluss eine Beobachtung an: »Es scheint mir, als sitzen hier lauter Menschen, die alle ihr Bestes geben, aber Sorge haben, ob es reicht. Unabhängig davon, ob Sie lange oder kurz dabei sind, in Teilzeit oder Vollzeit arbeiten, keiner von Ihnen scheint sich sicher zu sein, dass er oder sie genügt. Und wahrscheinlich werden Sie von außen auch nie das Signal bekommen, dass es reicht. Wie machen Sie das untereinander, geben Sie einander das Gefühl, zu genügen? Oder senden Sie sich ungewollt die gleichen verunsichernden Signale?« In der Folge überlegen wir, wie sich die Gruppe untereinander eine Art emotionalen »Schutzanzug« stricken kann.

Je schwieriger die Rahmenbedingungen, desto gefährdeter aber auch entscheidender ist das Miteinander. Können wir füreinander eine Ressource werden? Können wir einander Ermutigung und Unterstützung sein? Dann lassen sich auch schwere Zeiten sinnhafter tragen. Kreieren wir durch die Art, wie wir interagieren, eher Aufwärts- oder Abwärtsspiralen? Dafür bleiben wir verantwortlich.

3 Organisationale Zivilcourage befördern

Auch die beste Zusammenarbeit stößt an Grenzen, wenn Anforderungen und Ressourcenlage zu weit auseinanderklaffen, vor allem, wenn dies dauerhaft der Fall ist. Obige Überlegungen sollten daher nicht missbraucht werden, um unhaltbare Zustände zu kaschieren oder ungut zu relativieren (»Immerhin halten wir zusammen«). Die angestrebte Solidarisierung steht vielmehr in den Diensten einer wirksamen organisationalen Zivilcourage. Zahlreiche strukturelle Missstände können nur deshalb so lange aufrechterhalten werden, weil die mit ihnen einhergehenden Belastungen erfolgreich personalisiert und individualisiert werden. Steht dann am Ende »jeder gegen jeden«, ist dies der sicherste Garant dafür, dass sich strukturell nichts ändern muss. Gelingt es hingegen, gemeinsam gegen Missstände aufzustehen, erhöhen sich die Chancen auf Veränderung drastisch.

Wenn wir als Beratende zu Zeugen des Missstands werden, sollten wir diesen würdigen, aber immer auch der weiterführenden Frage nachgehen, ob es genügt, darüber zu sprechen, oder ob es konkrete Maßnahmen zu ergreifen gilt.

Fallbeispiel
In der Supervision eines Teams von Sozialarbeitenden berichtet ein Kollege von frustrierenden Arbeitsbedingungen an der Schule, für die er zuständig ist. Obwohl er sich redlich mühe, werde er nicht einbezogen in die Prozesse, teilweise regelrecht ignoriert beziehungsweise abgewertet. Die Situation sei »eigentlich unhaltbar«, er müsse sie aber wohl hinnehmen, da er derzeit keine anderen beruflichen Optionen habe. Im Gespräch zeigt sich, dass auch die Vorgänger auf derselben Position unter der schlechten Behandlung gelitten haben, selbst aber auch keine Alternativen zum Ausharren beziehungsweise schlussendlichen Gehen entwickeln konnten. Die Supervisorin geht der Frage nach, inwieweit die Leistungsebene von den unhaltbaren Arbeitsbedingungen weiß. Rasch winkt das Team ab: »Das interessiert die nicht«. »Das mag sein«, erwidert die Supervisorin, »unabhängig davon stellt sich mir die Frage, ob es Sinn machen könnte, gemeinsam den Missstand offiziell zu machen? Angenommen, die drei Personen im Raum, die bereits diese Position innehatten, würden *gemeinsam* ein Schreiben verfassen, in dem sie auf die Missstände und die Auswirkungen auf die Arbeitsfähigkeit aufmerksam machen. Wie würde sich dies auswirken?« Es wird deutlich, dass auch hier die Chancen auf Änderung gering sind, es sich aber dennoch richtig anfühlen würde, gemeinsam Zeugenschaft zu leisten. Ein schriftlicher und von mehreren Personen unterzeichneter Lagebericht könne zumindest schwerer vom Tisch gewischt werden als eine Einzelmeinung.

Das Beispiel ist stellvertretend für die Frage, wie nicht nur Anpassungsbewegungen, sondern auch konstruktiver Widerstand Gegenstand von Beratung und Supervision werden können. Grundsätzlich ist darauf zu achten, diesen Widerstand nicht *stellvertretend* für das Team zu artikulieren (vgl. hierzu auch Kapitel X), sondern Hilfe zur Selbsthilfe zu leisten. Als hilfreich erweist sich eine Haltung wie: »Erfahrungsgemäß ist solidarischer Protest deutlich wirksamer als empörte Einzelmeinungen, er kommt jedoch selten zustande. Ob es möglich ist, als Team hier gemeinsam aufzutreten, weiß ich nicht. Ob es sich lohnen würde, auch nicht. Was denken Sie?«.

Entscheidet sich das Team, gemeinsam Flagge zu zeigen, ist auf die Form zu achten. Bewährt hat sich,
- die Überbringerin der Botschaft gut abzusichern: Wie kann ein gutes Setting aussehen (moderiert, schriftlich, in gemeinsamem Termin)? Wer unterstützt sie im Zweifel? Wie reagieren wir gemeinsam auf Versuche der Personalisierung?
- Anliegen konkret und spezifisch (»Das Bett auf dem Gang nicht mehr neu belegen«) statt global und diffus (»Mehr Rücksicht auf das Personal nehmen«) zu formulieren;
- nicht nur zu sagen, was nicht (mehr) geht, sondern auch, was möglich ist beziehungsweise wie ein Gegenangebot aussehen kann;
- bei aller Kritik auch immer zu benennen, was gut ist und bleiben kann, wie es ist.

XII Die Person des Beraters – Teamberatung als persönliche Entwicklungsarena

Wer Teams berät und begleitet, begibt sich in eine verletzliche Position. Wir können ins Kreuzfeuer des Konflikts geraten, vor unlösbaren Fragen oder gravierenden Unterschieden stehen oder einfach nur nicht wirksam werden. Supervisionen und Beratungsprozesse sind oft mit hohen Erwartungen aber vergleichsweise geringen Mitteln ausgestattet. Uns bleibt nur, mithilfe von Kommunikation andere Formen der Kommunikation anzuregen beziehungsweise in Entscheidung zu überführen. Das ist zugleich viel und wenig.

Gleichzeitig triggern Gruppen und Teams in besonderem Maße individuelle Bewertungs- und Bestehensängste. Wir alle möchten wirksam und hilfreich sein, im besten Falle auch noch persönlich geschätzt. Diese legitimen Bedürfnisse können den Handlungs- und Haltungsspielraum jedoch auch einschränken. So können sie dazu verführen, zu viel Verantwortung für die Veränderung zu übernehmen oder verhindern, dass wir unbequeme Fragen stellen oder Verantwortung angemessen adressieren. Um das Risiko hierfür zu senken, können wir uns fragen:

- Was ist meine größte Angst in der Begleitung von Teams? Abgelehnt zu werden, zu wenig Unterschied zu machen? Nicht ernst genommen zu werden?
- Und wozu neige ich, wenn diese Ängste getriggert werden? Gefällig zu sein? Zu viel oder zu wenig zu sagen? Zu kämpfen oder zu resignieren?

Oft lohnt sich dann auch ein Abstecher in die eigene Biografie. Wo gehören diese Ängste hin? Wann in meinem Leben haben sich die Schutzstrategien, auf die ich dann zurückgreife, entwickelt und bewährt? Und was könnte mir in der konkreten Situation helfen, mich daran zu erinnern, dass ich mich in einer Teamberatung und nicht auf dem Schulhof, in meiner Ursprungsfamilie oder einem anderen Entstehungskotext dieser Ängste befinde? Gelingt die Einordnung, werden wir in der Gruppe freier, und von dieser Freiheit profitiert immer auch das Team, wie folgender Ausschnitt aus der Supervision eines Supervisors deutlich macht[6]:

Herr B. arbeitet als Fallsupervisor an einem Klinikum. Er sucht in seiner »Supervision des Supervisors« Anregungen für seine Arbeit, in der er oft das Gefühl hat, selbst zu aktiv zu sein und zu wenig Raum zu eröffnen.

B.: »Ich merke richtig, da gibt es einen Teil, der will nicht, dass ich den Raum öffne, dass ich da die Gruppe mehr arbeiten lasse. Ich weiß, das wäre es – ich finde das ja selbst, wenn ich Teilnehmer bin, viel besser. Ich nehme mir das auch schon vor, vorher. Aber in der Situation gehe ich dann doch wieder in die Expertenrolle ...«

S(UPERVISOR): »... um den Spielregeln des Systems zu genügen?«

B.: »Ja, so in etwa ... zumindest mal, um vor dem Oberarzt und der Stationspsychologin nicht dumm dazustehen.«

S.: »Verstehe ... stell dir das mal vor, du bist da also in dieser Situation mit dem Team und den Leitungen und ein Teil in dir sagt: Sag denen, wo es lang geht, lass keinen Zweifel daran, dass du weißt, was gut ist ...«

B.: »Genau.«

S.: »... weil wenn das nicht deutlich werden würde, was könnte das für dich im schlimmsten Fall bedeuten?«

B.: »Na, dass die mich nicht mehr buchen.«

S.: »Und was wäre daran so schlimm für dich? Wie würdest du dich dann fühlen?«

B.: »Na irgendwie schäbig, so wie jemand, der's halt mal wieder nicht begriffen hat und deshalb auch nicht dabei sein kann.«

S.: »Das klingt so, als würdest du dich dann schämen.«

B.: »Ja, definitiv.«

S.: »Dafür, dass es mal wieder nicht gereicht hat.«

B.: »Ja.«

S.: »Der Teil sagt also: Mach den Experten, denn sonst landest du in diesem unbehaglichen Schamgefühl, dem Gefühl, mal wieder nicht gut genug zu sein und deshalb nicht dabei bleiben zu dürfen, ... so?«

B.: »Irgendwie schon, ja.«

S.: »Hast du mit just diesem Gefühl schon zuvor in deinem Leben Bekanntschaft gemacht?«

---

6 Das skizzierte Gespräch folgt einer Intervention aus dem Emotionsfokussierten Skilltraining für Eltern nach Joanne Dolhanty (Dolhanty, Hagen, Austbø u. Hjelmseth, 2023). Die Rolle als Beraterin/Supervisor mag nicht ganz so herausfordernd sein wie Elternschaft, sie hält jedoch ebenfalls ein großes Potenzial zu Vertiefungserfahrungen und Persönlichkeitsentwicklung bereit.

B.: »Machst du Witze? Ich bin der jüngste von vier Brüdern, das ist die story of my life!« [lacht]

S.: »Aha! Dann stell dir doch jetzt bitte noch einmal etwas wirklich Schräges vor, was mir da aber irgendwie zu passieren schein. Also es mag seltsam klingen, aber gleichzeitig ist es das, was in der Situation irgendwie passiert ... Bist du bereit?«

B.: [zögerlich]: »Ja.«

S.: »Gut. Dann stell dir mal bitte vor, wie du dich vor das Team o h n e die Leitungskräfte stellst. Die sind im Urlaub. Kannst du dir das vorstellen?«

B.: »Ja, das geht.«

S.: »Gut. Und dann sagst du dem Team mal: ›Ich kann den Raum für euch nicht größer machen, indem ich euch fragend einbeziehe, da ich Angst davor habe, von der Leitung als inkompetent wahrgenommen zu werden und die unguten Gefühle, die ich damit in der Vergangenheit in meinem Leben habe sammeln müssen, nicht wieder erleben möchte ... Schräg, ich weiß, aber irgendwie ist es genau das, was passiert‹. Kannst du das einmal ausdrücken?«

B.: »Ja. Ist aber nicht schön. ›Ich werde den Raum nicht öffnen für euch, weil ich Angst habe, dass die Leitung mich für inkompetent hält. Das Gefühl will ich nicht mehr haben.‹«

S.: »›Und deswegen mache ich es auch in Zukunft so wie bisher. Egal, wie das für euch ist.‹«

B.: »Oje, das ist ja absurd.«

S.: »Ja, das ist es auf eine Weise. Aber andererseits war es bislang so. Sag es dem Team nochmal.«

B.: »›Ich mache so weiter, auch wenn das für euch blöd ist ...‹«

S.: »Ok. Und jetzt stellst du dir mal vor, du *bist* das Team. Und du hörst das, der Supervisor sagt zum Team: ›Ich kann euch nicht mehr einbeziehen, weil ich damit riskiere, mich ungenügend zu fühlen. Ich bin dann nicht mehr der im Raum, der alles weiß, und da gibt es gute Gründe, warum das für mich schwer ist.‹ Als Team, wenn du das hörst, wie fühlt sich das an?«

B.: »Boah ... das zieht total runter.«

S.: »Im Sinne von ...? Was empfindet das Team in deinem Kopf?«

B.: »Na die sind resigniert. Hoffnungslos.«

S.: »Hoffnungslos ...«

B.: »Na, wenn *du* dich das schon nicht traust, wie sollen *wir* dann jemals dazu stehen, dass wir nicht immer alles drauf haben ...«

S.: »Ah ..., wenn *du* das nicht hinkriegst, zweifeln wir daran, ob *wir* das können ... und wenn wir das nicht können ...«

B.: »... bleiben wir am Ende allein mit all den Überforderungen, und das Lernen wird extrem mühsam ...«

S.: »Ok. Und warum ist bist du da so wichtig für das Team? Ich meine, die könnten sich ja auch andere Vorbilder suchen. Warum wollen die das von dir sehen, warum ist das so wichtig, dass das von dir kommt? Was antwortet das Team darauf?«
B.: »Na, weil mich alle akzeptieren.«
S.: »Ah, die schätzen dich ...«
B.: »Ja, nicht nur die. Ich denke auch die Leitungen ...«
S.: »Ah, so nach dem Motto: Wir sind uns in dir einig und deshalb könnten wir mit dir auch mal was Neues ausprobieren ...«
B.: »Genau.«
S.: »Wenn du das jetzt hörst, als Supervisor, dieses ›Wir schätzen dich und es ist ein großes Kapital für uns, dich zu haben und uns in dir einig zu sein‹, wie fühlt sich das an?«
B.: »Na, gut! Sehr gut! Leicht und warm!«
S.: »Na, wunderbar. Und wenn du mal von dort sprichst, von dieser warmen Leichtigkeit oder dieser leichten Wärme, zum Team, was möchtest du ihnen jetzt anbieten?«
B.: »Ich probiere beim nächsten Mal was aus. Vielleicht was Kleines, so mit Murmelgruppen. Und ich will die Vergangenheit da besser raushalten. Für die aber auch für mich. Das war mir vorher gar nicht so klar ...«

Wer mit Teams arbeitet, bekommt quasi »frei Haus« eine Entwicklungsarena für die Kultivierung einer gewissen inneren Unabhängigkeit mitgeliefert. Indem wir uns bewusst werden, wovor wir uns fürchten, können wir den Stier bei den Hörnern packen und ihn vielleicht sogar metakommunikativ einfließen lassen:

- »Auf die Gefahr hin, mich bei Ihnen unbeliebt zu machen, möchte ich Ihnen dennoch folgenden Eindruck zumuten ...«
- »Ich merke gerade, wie gerne ich Ihnen hier helfen möchte, besser miteinander umzugehen – wahrscheinlich will ich es gerade fast mehr als Sie.«
- »Jetzt sind wir am Ende der Sitzung und haben kein Ergebnis. Das fällt mir schwer, so stehenzulassen. Es ist unbefriedigend, für Sie und für mich. Aber ich fürchte, ich muss anerkennen, dass es für heute so ist.«

In der Art und Weise, wie wir mit unserer eigenen Verletzlichkeit umgehen, sind wir stets auch Rollenmodell. Selbst wenn auf der Inhaltsebene die Ergebnisse überschaubar sein mögen, der Kommunikationsraum wird größer, wenn der Berater mit seiner eigenen Begrenzung einen offen-souveränen Umgang praktiziert. Insofern können wir uns immer auch fragen: Wofür will ich durch mein eigenes Verhalten Beispiel geben? Oft manifestieren sich in der Person des Beraters auch zahlreiche Gefühle der Beteiligten im Raum. Wir fühlen uns plötzlich wütend, ohnmächtig, ratlos oder abgelehnt – werden quasi zum

Gefäß für all die unausgesprochenen Empfindungen im Raum. Auch dies lässt sich produktiv nutzen, wenn wir zu diesen Erfahrungen stehen, ohne uns mit ihnen zu verwechseln:
- »Ich merke gerade, ich bin ein wenig ratlos und verführt zu strampeln, Sie zu überzeugen ... wahrscheinlich, um zu verhindern, dass das Ganze hier nutzlos war. Kennen Sie dieses Gefühl auch? Ich überlege, wie wir gut damit umgehen können, übergehen möchte ich es nicht ...«

Unserer Erfahrung nach schützt keine noch so gute Methode, kein noch so ausgeklügeltes Design davor, in Kontakt mit dieser Verletzlichkeit zu kommen. Was hilft, ist die Aufrechterhaltung einer Beobachterposition, die die Dynamik wertschätzend-neutral als Ausdruck berechtigter Lösungsversuche begreift. Was geschieht und nicht geschieht, ist damit erst einmal gar nicht persönlich zu nehmen. Gleichzeitig ist es oft das »Sich-persönlich-hineingeben«, das Bewegung ermöglicht: Unerschrocken und warm das Unterschwellige beim Namen zu nennen, ohne es zu werten und zu bekämpfen, Wahlfreiheiten auch in dilemmatischen Situationen zu eröffnen: »Was wollen Sie tun?« Und sich zu trauen, Verantwortungen an die Stelle zu geben, die Antwort geben kann und muss. All dies ist nicht leicht, aber immer mindestens einen Versuch wert.

Literatur

Alicke, M., Govorun, O. (2005). The better-than-average effect. In M. Alicke, D. Dunning, J. Krueger (Eds.), The self in social judgement (pp. 83–106). London/New York: Psychology Press.
Antonovsky, A. (1997). Salutogenese: Zur Entmystifizierung der Gesundheit. Tübingen: dgvt-Verlag.
Bateson, G. (2021). Ökologie des Geistes. Anthropologische, psychologische, biologische und epistemologische Perspektiven. Frankfurt a. M.: Suhrkamp.
Beckhard, R. (1972). Optimizing team building effort. Journal of Contemporary Business, 1 (3), 23–32.
Belbin, R. M., Brown, V. (2023). Team roles at work (3rd ed.). London/New York: Routledge.
Bohm, D. (2021). Der Dialog. Das offene Gespräch am Ende der Diskussionen (10. Aufl.). Stuttgart: Klett-Cotta.
Ciompi, L. (2004). Ein blinder Fleck bei Niklas Luhmann? Soziale Wirkungen von Emotionen aus Sicht der fraktalen Affektlogik. Soziale Systeme, 10 (1), 21–49.
Cooperrider, D. L. (2021). Prospective theory. Appreciative inquiry: Toward a methodology for understanding and enhancing organizational innovation. Copyright by David L. Cooperrider.
Darley, J., Batson, D. (1973). From Jerusalem to Jericho: A study of situational and dispositional variables in helping behavior. Journal of Personality and Social Psychology, 27 (1), 100–108.
de Shazer, S. (2012). Muster familientherapeutischer Kurzzeit-Therapie. Heidelberg: Carl-Auer.
de Shazer, S. (2022). Überraschende Wendungen und Lösungen in der Kurzzeittherapie (15. Aufl.). Heidelberg: Carl-Auer.
Dolhanty, J., Vassbø Hagen, A. H., Austbø, B., Hjelmseth, V. (2023). Emotionsfokussiertes Skilltraining (EFST) für Familien. Göttingen: Vandenhoeck & Ruprecht.
Edding, C., Schattenhofer, K. (2020). Einführung in die Teamarbeit (3. Aufl.). Heidelberg: Carl-Auer.
Foerster, H. von (1993). KybernEthik. Berlin: Merve Verlag.
Günther, G. (1979). Life as poly-contexturality. In G. Günther, Beiträge zur Grundlegung einer operationsfähigen Dialektik. Zweiter Band (S. 283–306). Hamburg: Felix Meiner Verlag.
Gawande, A. (2009). The checklist manifesto: How to get things right. New York: Macmillan.
Glasl, F., Lievegoed, B. (2016). Dynamische Unternehmensentwicklung: Grundlagen für nachhaltiges Change Management (5., erw. u. aktual. Aufl.). Bern: Haupt/Stuttgart: Verlag Freies Geistesleben.
Königswieser, R., Exner, A. (2019). Systemische Intervention. Architekturen und Designs für Berater und Veränderungsmanager (9. Aufl.). Stuttgart: Schäffer-Poeschel.
Kühl, S. (2001). Über das erfolgreiche Scheitern von Gruppenarbeitsprojekten. Rezentralisierung und Rehierarchisierung in Vorreiterunternehmen der Dezentralisierung. Zeitschrift für Soziologie, 30 (3), 199–222.
Küllenberg, J., Schweitzer, J. (2022). Medizinische Organisationspsychologie für das Krankenhaus. Systemische Beratung in einem fordernden Umfeld. Göttingen: Vandenhoeck & Ruprecht.

Levold, T., Wirsching, M. (Hrsg.) (2021). Systemische Therapie und Beratung – das große Lehrbuch (4. Aufl.). Heidelberg: Carl-Auer.

Lieb, H., Tröscher-Hüfner, U. (2006). Das Team als Austragungsort kindlicher/archaischer Gefühle: Von der unreflektierten Emotion zur professionellen Kooperation. systhema, 20 (1), 14–29.

Luhmann, N. (1984). Soziale Systeme. Grundriss einer allgemeinen Theorie. Frankfurt a. M.: Suhrkamp.

Luhmann, N. (2011). Organisation und Entscheidung (3. Aufl.). Wiesbaden: VS Verlag für Sozialwissenschaften.

Luhmann, N. (2017). Die Realität der Massenmedien (5. Aufl.). Wiesbaden: Springer VS.

Luhmann, N. (2021). Die Gesellschaft der Gesellschaft. Frankfurt a. M.: Suhrkamp.

March, J. G., Simon, H. A. (1994). Organizations. Cambridge, MA u. a.: Blackwell.

Mark, G., Gonzalez, V. M., Harris, J. (2005). No task left behind? Examining the nature of fragmented work. Proceedings of the SIGCHI Conference on Human Factors in Computing Systems, April, 321–330.

Mason, B. (2000). Die Übergabebesprechung – Eine systemische Perspektive. Bern: Huber.

Neumann-Wirsig, H. (2022). Jedes Mal anders. 50 Supervisionsgeschichten und viele Möglichkeiten (4. Aufl.). Heidelberg: Carl-Auer.

Perlow, L. A. (1999). The time famine: Towards a sociology of work time. Administrative Science Quarterly, 44 (1), 57–81.

Rosa, H. (2005). Beschleunigung. Die Veränderung der Zeitstrukturen in der Moderne. Frankfurt a. M.: Suhrkamp.

Scala, K., Grossmann, R. (2002). Supervision in Organisationen: Veränderung bewältigen – Qualität sichern – Entwicklung fördern (2. Aufl.). Weinheim/München: Beltz Juventa.

Schlippe, A. von, Schweitzer, J. (2016). Lehrbuch der Systemischen Therapie und Beratung I. Das Grundlagenwissen (3., unveränd. Aufl.). Göttingen: Vandenhoeck & Ruprecht.

Schmid, B. (2014). Wie viel Mensch? Wie viel Organisation? – die beiden Perspektiven bei der OE. In B. Schmid (Hrsg.), Systemische Organisationsentwicklung. Change und Organisationskultur gemeinsam gestalten (S. 199–208). Stuttgart: Schäffer-Poeschel.

Schmid, B., Messmer, A. (2004). Auf dem Weg zu einer Verantwortungskultur im Unternehmen. Lernende Organisation, 18 (März/April), 44–50.

Schmidt, G. (2020). Einführung in die Hypnosystemische Therapie und Beratung (10. Aufl.). Heidelberg: Carl-Auer.

Schmidt, G. (2023). Liebesaffären zwischen Problem und Lösung. Hypnosystemisches Arbeiten in schwierigen Kontexten (10. Aufl.). Heidelberg: Carl-Auer.

Schulz von Thun, F. (2010). Miteinander reden 2. Stile, Werte und Persönlichkeitsentwicklung: Differentielle Psychologie der Kommunikation (32. Aufl.). Hamburg/Berlin: Rowohlt.

Simon, F. (2004). Zur Systemtheorie der Emotionen. Soziale Systeme, 10 (1), 111–139.

Simon, F. (2019). Gemeinsam sind wir blöd?! Die Intelligenz von Unternehmen, Managern und Märkten (5. Aufl.). Heidelberg: Carl-Auer.

Simon, F. (2021). Einführung in die systemische Organisationstheorie. Heidelberg: Carl-Auer.

Simon, F. (2022). Einführung in die Systemtheorie des Konflikts (5. Aufl.). Heidelberg: Carl-Auer.

Sinek, S. (2011). Start with why: How great leaders inspire everyone to take action. New York: Portfolio/Penguin Books.

Starker, V., Roos, K., Bracht, E. M., Graudenz, D. (2022). Kosten von Arbeitsunterbrechungen für deutsche Unternehmen. Auswirkungen von Fragmentierung auf Produktivität und Stressentwicklung. https://nextworkinnovation.com/wp-content/uploads/2022/06/PMI_NWI_Tagebuchstudie-Arbeitsunterbrechungen-und-Produktivitaet_150622.pdf (Zugriff: 07.06.2023).

Tuckman, B. W. (1965). Developmental sequences in small groups. Psychological Bulletin, 63, 348–399.

Varga von Kibéd, M., Sparrer, I. (2020). Ganz im Gegenteil. Tetralemmaarbeit und andere Grundformen systemischer Strukturaufstellungen – für Querdenker und solche, die es werden wollen (11. Aufl.). Heidelberg: Carl-Auer.

Watzlawick, P., Beavin, H. J., Jackson, D. D. (2017). Menschliche Kommunikation. Formen, Störungen, Paradoxien (13., unveränd. Aufl.). Bern: Hogrefe.

Wedekind, E., Georgi, H. (2014). Aus der Selbstschutzblockade zur Interaktionsfähigkeit. Vom Umgang mit massiven Kränkungen in Teamkonflikten. systhema, 28 (1), 27–46.

Weick, K. E., Sutcliffe, K. M. (2015). Managing the unexpected: Resilient performance in an age of uncertainty (3rd ed.). New York: John Wiley & Sons.

White, M. (2021). Landkarten der narrativen Therapie (2. Aufl.). Heidelberg: Carl-Auer.

Willke, H. (2005). Systemtheorie II: Interventionstheorie. Grundzüge einer Theorie der Intervention in komplexe Systeme (4., überarb. Aufl.). Stuttgart: Lucius & Lucius.

Zwack, J., Bossmann, U. (2017). Wege aus beruflichen Zwickmühlen. Navigieren im Dilemma. Göttingen: Vandenhoeck & Ruprecht.

Zwack, J., Nöst, S., Schweitzer, J. (2009). Zeitdruck im Krankenhaus. Arzt und Krankenhaus, 82 (3), 68–75.

Zwack, J., Zwack, M., Schweitzer, J. (2007). Systemische Teamberatung – Mitarbeiter und Führungskräfte miteinander »ins Geschäft bringen«. PiD – Psychotherapie im Dialog, 8 (3), 267–273.

Zwack, M. (2011). Die Macht der Geschichten. Erzählungen als Form der Wertevermittlung in Familienunternehmen. Heidelberg: Carl-Auer.

Zwack, M. (2012). Was würde Steve tun? Zum narrativen Schatten herausragender Führungspersönlichkeiten. OrganisationsEntwicklung, 2, 55–58.